Warum Sie Sich so Verhalten, Wie Sie es Tun

Bewährte Strategien für nachhaltige Veränderung und Verbesserung

Trenton H. P. Williams

Warum Sie Sich so Verhalten, Wie Sie es Tun

INHALTSVERZEICHNIS

Warum Sie Sich so Verhalten, Wie Sie es Tun

Einleitung: Die Suche nach dem Verständnis menschlichen Verhaltens

Menschliches Verhalten ist eines der komplexesten, faszinierendsten und wesentlichsten Themen, die es zu erforschen gilt. Es beeinflusst jeden Aspekt unseres täglichen Lebens, von den Entscheidungen, die wir treffen, bis hin zur Art und Weise, wie wir mit anderen interagieren. Zu verstehen, warum sich Menschen so verhalten, ist nicht nur eine Frage der Neugier, sondern auch entscheidend für die Verbesserung persönlicher Beziehungen, den beruflichen Fortschritt und die Förderung eines tieferen Selbstbewusstseins. Indem wir Erkenntnisse über das Verhalten gewinnen, können wir Probleme effektiver angehen und ein Leben führen, das besser mit unseren Zielen und Werten übereinstimmt.

Warum es entscheidend ist, menschliches Verhalten zu verstehen

Im Mittelpunkt von allem, was wir tun, steht ein Verhaltensmuster, sei es bewusst oder unbewusst. Diese Muster bestimmen, wie wir auf Herausforderungen reagieren, mit anderen interagieren und sowohl Chancen als auch Hindernisse angehen. Ohne die Grundursachen unseres Verhaltens zu verstehen, reagieren wir oft auf Situationen, die auf Impulsen oder langjährigen Gewohnheiten basieren, manchmal ohne vollständig zu erkennen, warum.

Einer der Hauptgründe, warum das Verständnis menschlichen Verhaltens so wichtig ist, besteht darin, dass es uns ermöglicht, über das „Warum" hinter Handlungen nachzudenken. Warum zeigen manche Menschen in Stresssituationen Geduld, während andere mit Wut reagieren? Warum wiederholen wir manchmal dieselben Fehler, obwohl wir es besser wissen? Wenn wir innehalten, um diese Verhaltensweisen zu analysieren und darüber nachzudenken, entdecken wir wertvolle Erkenntnisse, die uns helfen, emotional, mental und sozial zu wachsen.

Selbstbewusstsein ist ein weiteres entscheidendes Ergebnis des Verhaltensverständnisses. Viele von uns gehen wie auf Autopilot durchs Leben, getrieben von Routinen und emotionalen Reaktionen, die wir selten in Frage stellen. Indem wir die Gründe für unsere Entscheidungen untersuchen, gewinnen wir eine größere Kontrolle über unser Handeln. Diese Art der Reflexion kann uns helfen, aus ungesunden Mustern auszubrechen und diese durch Verhaltensweisen zu ersetzen, die unserer persönlichen Entwicklung dienen.

Darüber hinaus können wir durch das Verständnis menschlichen Verhaltens unsere

Beziehungen zu anderen verbessern. Zwischenmenschliche Beziehungen, ob familiär, romantisch oder beruflich, leben von Verständnis und Empathie. Missverständnisse, Konflikte und Kommunikationsabbrüche entstehen oft dadurch, dass man die Beweggründe und Emotionen, die die Handlungen einer anderen Person antreiben, nicht versteht. Indem wir uns die Zeit nehmen, das Verhalten zu untersuchen – sowohl unser eigenes als auch das anderer –, können wir tiefere, bedeutungsvollere Verbindungen fördern und Konflikte mit mehr Einfühlungsvermögen und Einsicht lösen.

Wie unser Handeln unser Leben und unsere Beziehungen prägt

Jede Handlung, die wir unternehmen, und sei sie noch so klein, spielt eine Rolle bei der Gestaltung unseres Lebensverlaufs. Unsere täglichen Gewohnheiten, Routinen und Entscheidungen bilden gemeinsam die Grundlage dafür, wer wir sind und wie wir mit der Welt interagieren. Ob wir uns dessen bewusst sind oder nicht, unser Verhalten hat Auswirkungen, die sich auf alle Lebensbereiche auswirken.

Überlegen Sie, wie sich Ihre Handlungen auf Ihre Beziehungen auswirken. Wenn Sie anderen beispielsweise stets Freundlichkeit und Verständnis entgegenbringen, wird dies wahrscheinlich das Vertrauen und die Wärme in Ihren persönlichen Beziehungen fördern. Andererseits können feindselige oder sich zurückziehende Reaktionen in schwierigen Gesprächen Beziehungen manchmal irreparabel belasten. Unsere Handlungen wirken sich direkt darauf aus, wie andere uns wahrnehmen und wie sie sich uns gegenüber verhalten.

Auch im beruflichen Umfeld spielt das Verhalten eine entscheidende Rolle. Die Art und Weise, wie wir Aufgaben angehen, mit Kollegen interagieren und Herausforderungen bewältigen, kann entweder zu Wachstum und Erfolg führen oder Hindernisse schaffen. Wer beispielsweise konsequent die Initiative ergreift, offen für Feedback bleibt und effektiv mit anderen zusammenarbeitet, wird wahrscheinlich einen beruflichen Aufstieg und stärkere berufliche Kontakte erleben. Im Gegensatz dazu kann es für jemanden, der Verantwortung vermeidet, Schwierigkeiten mit der Kommunikation hat oder schlecht auf Kritik reagiert, Schwierigkeiten haben, in seinem Fachgebiet voranzukommen.

Über Beziehungen und das Berufsleben hinaus beeinflusst unser Verhalten auch unser Selbstgefühl und unser allgemeines Wohlbefinden. Maßnahmen wie regelmäßige Selbstfürsorge, das Üben von Achtsamkeit oder das Setzen klarer Grenzen können zur geistigen und emotionalen Gesundheit beitragen. Im Gegensatz dazu können Verhaltensweisen wie Aufschieben, das Vermeiden schwieriger Aufgaben oder die Vernachlässigung unserer Gesundheit zu Stress und Unzufriedenheit führen. Die Entscheidungen, die wir heute treffen, können, so trivial sie auch erscheinen mögen, langfristige Auswirkungen auf unser

Glück, unsere Erfüllung und unseren Erfolg haben.

Darüber hinaus basieren unsere Verhaltensweisen oft auf erlernten Mustern, die ihren Ursprung in der Kindheit oder frühen Erfahrungen haben. Viele unserer Verhaltensweisen als Erwachsener werden von dem beeinflusst, was wir als Erwachsener beobachtet haben – wie unsere Eltern oder Betreuer mit Konflikten umgingen, wie sie Liebe zum Ausdruck brachten oder wie sie mit Herausforderungen umgingen. Diese erlernten Verhaltensweisen begleiten uns oft bis ins Erwachsenenalter und prägen unsere Einstellung zum Leben. Während einige dieser Verhaltensweisen uns gute Dienste leisten können, sind andere möglicherweise veraltet oder nicht hilfreich. Das Erkennen und Angehen dieser Muster ist ein wesentlicher Bestandteil des persönlichen Wachstums und der Transformation.

Besonders wichtig ist zu beachten, dass Verhalten nicht statisch ist – es kann im Laufe der Zeit geändert und verbessert werden. Indem wir erkennen, wie unser Handeln unsere Gegenwart und Zukunft prägt, sind wir in der Lage, Verantwortung für die Verhaltensweisen zu übernehmen, die uns dienen, und diejenigen loszulassen, die unseren Fortschritt behindern. Eine Verhaltensänderung ist nicht immer einfach, aber möglich, insbesondere wenn wir unvoreingenommen und bereit sind, sowohl über die positiven als auch die negativen Muster in unserem Leben nachzudenken.

Das Verständnis menschlichen Verhaltens bietet auch einen Rahmen für fundiertere und bewusstere Entscheidungen. Wenn wir die psychologischen und emotionalen Triebfedern unseres Handelns verstehen, können wir Entscheidungen treffen, die besser auf unsere wahren Wünsche und Werte abgestimmt sind. Dies gilt nicht nur für große, lebensverändernde Entscheidungen, sondern auch für alltägliche Interaktionen und Routinen. Je mehr wir darüber verstehen, warum wir uns auf eine bestimmte Weise verhalten, desto besser sind wir gerüstet,

Entscheidungen zu treffen, die zu einem erfüllteren und sinnvolleren Leben führen.

Die Grundlagen des Verhaltens: Natur vs. Pflege

Die jahrhundertealte Debatte um Natur versus Erziehung bleibt eine der wichtigsten Fragen zum Verständnis menschlichen Verhaltens. Die Grundlage dafür, wer wir als Individuen sind, liegt in der Wechselwirkung zwischen unserer biologischen Ausstattung – unserer Genetik – und der Umgebung, in der wir aufwachsen. Das komplexe Zusammenspiel dieser beiden Kräfte prägt nicht nur unsere Persönlichkeit, sondern auch unsere Handlungen, Tendenzen und Reaktionen auf die Herausforderungen des Lebens. Um wirklich zu verstehen, warum wir uns so verhalten, wie wir es tun, ist es wichtig zu erforschen, wie sowohl die Genetik als auch die

Umwelt zu unserer Entwicklung und unserem täglichen Verhalten beitragen.

Die Rolle der Genetik bei der Gestaltung des Verhaltens

Die Genetik spielt eine entscheidende Rolle bei der Bildung des biologischen Bauplans dessen, wer wir sind. Jeder Mensch erbt von seinen Eltern eine einzigartige Kombination von Genen, die wiederum körperliche Merkmale wie Größe, Augenfarbe und Gesichtszüge beeinflusst. Die Genetik geht jedoch auch über die sichtbaren Merkmale einer Person hinaus und beeinflusst das Temperament, emotionale Reaktionen, kognitive Fähigkeiten und Verhaltenstendenzen.

Eine der wichtigsten Möglichkeiten, wie die Genetik das Verhalten beeinflusst, ist die Struktur und Funktion des Gehirns. Verschiedene Gene können beeinflussen, wie Neurotransmitter – chemische Botenstoffe im Gehirn – produziert, verarbeitet und übertragen werden. Beispielsweise kann Serotonin, ein

Neurotransmitter, der mit der Stimmungsregulation verbunden ist, aufgrund genetischer Unterschiede von Person zu Person variieren. Diese Variationen können die Veranlagung einer Person für Erkrankungen wie Angstzustände, Depressionen oder Impulsivität beeinflussen. Ebenso können Gene, die an der Regulierung von Dopamin beteiligt sind, einem Neurotransmitter, der mit Motivation und Belohnung verbunden ist, die Tendenz einer Person zu risikofreudigem oder vergnügungssüchtigem Verhalten beeinflussen.

Über Neurotransmitter hinaus beeinflusst die Genetik auch Persönlichkeitsmerkmale. Untersuchungen zur Vererbbarkeit der Persönlichkeit haben gezeigt, dass einige Merkmale stärker mit der Genetik verknüpft sind als andere. Beispielsweise wurde festgestellt, dass Merkmale wie Extraversion, Offenheit für Erfahrungen und Neurotizismus eine signifikante genetische Komponente haben. Studien mit Zwillingen – insbesondere solchen, die bei der Geburt getrennt und in verschiedenen

Umgebungen aufgewachsen sind – haben überzeugende Beweise dafür geliefert, dass die Genetik unabhängig von unserer Erziehung eine wesentliche Rolle dabei spielt, wer wir sind.

Obwohl die Genetik den Rahmen für viele Verhaltensaspekte bildet, wirken sie nicht isoliert. Die Expression von Genen und das Ausmaß, in dem sie das Verhalten beeinflussen, werden häufig durch Umweltfaktoren verändert. Dies führt zu der Erkenntnis, dass die Biologie zwar die Bühne bereitet, die Umwelt jedoch eine entscheidende Rolle bei der Gestaltung der tatsächlichen Leistung spielt.

Wie Umwelt und Erziehung Persönlichkeit und Handeln beeinflussen

Während die Genetik den Bauplan liefert, fügt die Umgebung, in der wir aufwachsen, den Kontext hinzu, der prägt, wie dieser Bauplan verwirklicht wird. Von Geburt an sind Menschen in ein Umfeld eingebettet, das Familie, Kultur, Bildung, soziale Beziehungen und äußere Erfahrungen umfasst. Diese Faktoren beeinflussen gemeinsam, wie die genetischen Veranlagungen einer Person zum Ausdruck kommen und wie sie sich im Laufe der Zeit entwickeln.

Die Umwelt spielt in der frühen Kindheit eine besonders große Rolle. In diesen prägenden Jahren wird das Fundament für Persönlichkeit und Verhalten gelegt. Beispielsweise ist es wahrscheinlicher, dass ein Kind, das in einem fürsorglichen und unterstützenden Umfeld aufwächst, positive soziale und emotionale Fähigkeiten entwickelt, die zu einer ausgeglichenen Persönlichkeit beitragen. Andererseits können Kinder, die während ihrer Erziehung Vernachlässigung, Missbrauch oder hohem Stress ausgesetzt sind, Verhaltensprobleme oder emotionale Schwierigkeiten entwickeln, die bis ins Erwachsenenalter bestehen bleiben.

Auch die Familiendynamik spielt eine entscheidende Rolle bei der Gestaltung des Verhaltens. Erziehungsstile – ob autoritär, freizügig oder autoritär – können die

Persönlichkeit und Lebenseinstellung eines Kindes nachhaltig beeinflussen. Beispielsweise entwickeln Kinder, die in einem unterstützenden und strukturierten Umfeld aufwachsen, oft ein höheres Maß an Selbstwertgefühl und haben eine höhere Wahrscheinlichkeit, schulisch und sozial erfolgreich zu sein. Im Gegensatz dazu haben Kinder, die in chaotischen oder inkonsistenten Umgebungen aufwachsen, möglicherweise Schwierigkeiten mit der emotionalen Regulierung und entwickeln negative Bewältigungsmechanismen. Sogar die Menge an Aufmerksamkeit, Ermutigung und Disziplin, die ein Kind erhält, beeinflusst, wie es sich selbst sieht und mit der Welt interagiert.

Auch Kultur ist ein bedeutender Umweltfaktor. Die gesellschaftlichen Normen, Werte und Erwartungen, denen eine Person unterliegt, prägen ihr Verhalten und ihre Identität. Beispielsweise neigen Individuen in kollektivistischen Kulturen, in denen Familie und Gemeinschaft Vorrang haben, möglicherweise eher zu kooperativem und gruppenorientiertem Verhalten. Im Gegensatz dazu zeigen Menschen in individualistischen Kulturen, in denen persönliche Leistungen und Unabhängigkeit einen hohen Stellenwert haben, möglicherweise ein wettbewerbsorientierteres und selbstbezogeneres Verhalten. Diese kulturellen Einflüsse interagieren oft mit den genetischen Veranlagungen einer Person und verstärken oder verändern bestimmte Merkmale basierend auf den Erwartungen und Normen ihrer Umgebung.

Auch die Interaktion zwischen Schule und Gleichaltrigen hat während der Entwicklungsjahre einen Einfluss. Bildung prägt nicht nur die kognitiven Fähigkeiten, sondern prägt auch das Sozialverhalten. Ein positives Schulumfeld kann ein Kind dazu ermutigen, gute soziale Fähigkeiten zu entwickeln, Empathie zu lernen und starke Beziehungen zu anderen aufzubauen. Umgekehrt kann die Einwirkung von Mobbing, Gruppenzwang oder Ablehnung zu sozialem Rückzug, Aggression oder anderen Fehlanpassungsverhalten führen. Die Qualität von Freundschaften, der Einfluss von Lehrern und sogar außerschulische Aktivitäten tragen alle zur Verhaltensentwicklung einer Person bei.

Neben der unmittelbaren Umgebung tragen auch bedeutende Lebenserfahrungen zur Verhaltensprägung bei. Traumatische Ereignisse wie der Verlust eines geliebten Menschen, ein Unfall oder eine große Veränderung im Leben können bleibende Spuren im Verhalten hinterlassen und oft die Art und Weise beeinflussen, wie eine Person die Welt wahrnimmt und mit ihr interagiert. Die Art und Weise, wie Einzelpersonen diese Ereignisse verarbeiten und bewältigen, kann entweder zu Resilienz führen oder zu Verhaltensproblemen führen, die sich auf ihr tägliches Leben auswirken.

Beispiele dafür, wie Biologie und Erfahrung zusammenwirken, um Entscheidungen zu leiten

Während Genetik und Umwelt jeweils eine Rolle bei der Gestaltung des Verhaltens spielen, ist es die Interaktion zwischen beiden, die letztendlich darüber entscheidet, wie sich eine Person in einer bestimmten Situation verhält. Diese dynamische Beziehung zwischen Biologie und Erfahrung zeigt sich in unzähligen Aspekten des täglichen Lebens.

Betrachten Sie das Beispiel der Stressreaktion. Manche Menschen sind aufgrund ihrer biologischen Veranlagung genetisch dazu veranlagt, empfindlicher auf Stress zu reagieren – vielleicht ist ihr Nervensystem reaktiver oder ihr Körper produziert mehr Stresshormone wie Cortisol. Ob diese Veranlagung jedoch tatsächlich zu stressbedingten Verhaltensweisen führt, hängt oft von der Umgebung ab. Eine Person, die in einem unterstützenden und fördernden Umfeld aufwächst, kann gesunde Bewältigungsmechanismen erlernen, die es ihr ermöglichen, trotz ihrer biologischen Empfindlichkeit effektiv mit Stress umzugehen. Im Gegensatz dazu kann jemand mit der gleichen genetischen Veranlagung, der jedoch in einer stressreichen oder instabilen Umgebung aufgewachsen ist, ungesunde Bewältigungsstrategien wie Vermeidung oder Substanzkonsum entwickeln, um mit Stress umzugehen.

Ein weiteres Beispiel findet sich im Fall von Intelligenz und akademischer Leistung. Während die Genetik eine Rolle bei der Bestimmung der kognitiven Fähigkeiten einer Person spielt, sind Umweltfaktoren wie die Qualität der Bildung, die Beteiligung der Eltern und der Zugang zu Ressourcen ebenso wichtig. Ein Kind, das mit einem hohen genetischen Potenzial für Intelligenz geboren wird, kann dieses Potenzial möglicherweise nicht erreichen, wenn es in einer Umgebung aufwächst, die zu wenig stimuliert oder vernachlässigt wird. Andererseits kann ein Kind mit durchschnittlichem genetischem Potenzial die Erwartungen übertreffen, indem es bereichernden Erfahrungen und starken Unterstützungssystemen ausgesetzt ist.

Persönlichkeitsmerkmale bieten einen weiteren Einblick in die Wechselwirkung von Biologie und Erfahrung. Stellen Sie sich ein Kind vor, das mit einer genetischen Veranlagung zur Introversion geboren wurde. Wenn dieses Kind in einer Umgebung aufwächst, in der es zu sozialen Aktivitäten ermutigt wird und Möglichkeiten zur Entwicklung sozialer Fähigkeiten erhält, kann es trotz seiner introvertierten Natur lernen, sich in sozialen Situationen problemlos zurechtzufinden. Wenn das Kind hingegen in einer Umgebung aufwächst, die von sozialer Interaktion abhält oder es negativen sozialen Erfahrungen aussetzt, können seine introvertierten Tendenzen stärker ausgeprägt sein, was zu sozialer Angst oder Rückzug führt.

Sogar psychische Erkrankungen wie Angstzustände und Depressionen veranschaulichen diese Wechselwirkung. Während die Genetik die Anfälligkeit einer Person für diese Erkrankungen erhöhen kann, können Umweltfaktoren wie frühe Traumata, chronischer Stress oder mangelnde soziale Unterstützung Symptome auslösen oder verschlimmern. Umgekehrt kann ein nährendes

und unterstützendes Umfeld als Schutzfaktor
dienen und die Wahrscheinlichkeit verringern,
dass sich eine genetische Veranlagung in einer
vollständigen psychischen Störung manifestiert.

Gehirnchemie und Ihr Verhalten

Das menschliche Verhalten wird stark von den chemischen Prozessen beeinflusst, die im Gehirn ablaufen. Das Verständnis der Gehirnchemie ist entscheidend, um zu verstehen, wie Stimmung, Emotionen und Handlungen geformt werden. Das Gehirn funktioniert durch ein empfindliches Gleichgewicht von Neurotransmittern – chemischen Botenstoffen, die die Kommunikation zwischen Neuronen erleichtern – und Hormonen, die eine entscheidende Rolle bei der Regulierung von Verhalten, emotionalen Reaktionen und sogar der psychischen Gesundheit spielen. Indem wir untersuchen, wie diese chemischen Wechselwirkungen funktionieren, können wir besser verstehen, wie sie die Art und Weise beeinflussen, wie wir im Laufe des Lebens denken, fühlen und uns verhalten.

Neurotransmitter und ihre Auswirkungen auf Stimmung, Emotionen und Handlungen verstehen

Neurotransmitter sind Chemikalien, die Signale über Synapsen von einem Neuron zum anderen übertragen. Diese Signale sind für die Regulierung zahlreicher Funktionen verantwortlich, darunter Stimmung, Emotionen und körperliche Handlungen. Das Gehirn nutzt eine Vielzahl von Neurotransmittern, von denen jeder seine spezifische Funktion hat. Das Gleichgewicht und die Verfügbarkeit dieser Neurotransmitter können das Verhalten erheblich beeinflussen, weshalb sie häufig mit Erkrankungen wie Angstzuständen, Depressionen und Impulsivität in Verbindung gebracht werden.

Einer der bekanntesten Neurotransmitter ist
Serotonin, das eine wichtige Rolle bei der
Regulierung von Stimmung, Schlaf und Appetit
spielt. Ein niedriger Serotoninspiegel steht in
engem Zusammenhang mit Depressionen,
Angstzuständen und Schlafstörungen. Menschen
mit einem Serotonin-Ungleichgewicht können
unter Stimmungsschwankungen, Reizbarkeit
oder Schwierigkeiten bei der Stressbewältigung
leiden. Medikamente, die als selektive
Serotonin-Wiederaufnahmehemmer (SSRIs)
bekannt sind, werden häufig verschrieben, um
den Serotoninspiegel zu erhöhen und die
Stimmung bei Menschen mit Depressionen zu
stabilisieren.

Ein weiterer wichtiger Neurotransmitter ist
Dopamin, oft als „Belohnungschemikalie" des
Gehirns bezeichnet. Dopamin reguliert
Lustgefühle, Motivation und
belohnungssuchendes Verhalten. Wenn der
Dopaminspiegel hoch ist, verspüren Menschen
eher ein Gefühl der Zufriedenheit und Erfüllung.
Wenn der Dopaminspiegel jedoch niedrig ist,

nimmt die Motivation ab und es können Gefühle der Apathie oder Desinteresses auftreten. Dopamin-Ungleichgewichte werden mit Erkrankungen wie der Parkinson-Krankheit in Verbindung gebracht, die zu Problemen bei der motorischen Kontrolle führt, und Schizophrenie, die zu Wahnvorstellungen und Halluzinationen führen kann.

Noradrenalin, ein weiterer Neurotransmitter, ist eng mit der „Kampf-oder-Flucht"-Reaktion des Körpers verbunden. Es hilft, Körper und Geist in Stresssituationen zu mobilisieren und die Aufmerksamkeit, Konzentration und Energie zu steigern. Wenn der Noradrenalinspiegel aufgrund von chronischem Stress jedoch dauerhaft erhöht ist, kann dies zu Angstzuständen, Unruhe und Bluthochdruck führen.

Ein weiterer wichtiger Neurotransmitter ist **Gamma-Aminobuttersäure (GABA)**, das vor allem für die Beruhigung des Gehirns und die Reduzierung von Übererregung verantwortlich ist. Wenn GABA richtig funktioniert, hilft es,

Angstzustände zu bewältigen und übermäßige neuronale Aktivität zu verhindern. Niedrige GABA-Werte werden oft mit erhöhter Angst, Panikattacken und anderen stressbedingten Störungen in Verbindung gebracht.

Das Zusammenspiel von Neurotransmittern ermöglicht es dem Gehirn, Stimmung, Kognition und Verhalten effektiv zu regulieren. Wenn diese chemischen Botenstoffe jedoch aus dem Gleichgewicht geraten, gestört oder erschöpft sind, können sie tiefgreifende Auswirkungen auf die emotionale Regulierung und Entscheidungsfindung haben. Das Verständnis der Funktionsweise von Neurotransmittern hilft zu erklären, warum manche Menschen anfälliger für Stimmungsstörungen sind, während andere möglicherweise Verhaltensweisen zeigen, die mit Sucht, Impulsivität oder Aggression zusammenhängen.

Der Zusammenhang zwischen Gehirnchemie und psychischer Gesundheit

Das Gleichgewicht der Gehirnchemie ist entscheidend für die Aufrechterhaltung der psychischen Gesundheit. Wenn Neurotransmitter und Hormone harmonisch funktionieren, ist es wahrscheinlicher, dass eine Person emotionale Stabilität und eine gesunde geistige Gesundheit verspürt. Störungen in der Chemie des Gehirns können jedoch zu verschiedenen psychischen Erkrankungen führen, die sich auf Verhalten, Denkprozesse und Stimmungsregulation auswirken.

Depression ist eine der häufigsten psychischen Störungen, die mit einem Ungleichgewicht der Gehirnchemie verbunden sind. Bei Personen mit Depressionen werden häufig niedrige Serotonin-, Dopamin- und Noradrenalinspiegel festgestellt. Dieses Ungleichgewicht kann zu anhaltender Traurigkeit, Verlust des Interesses an früher genossenen Aktivitäten und Konzentrationsschwierigkeiten führen. Zur Behandlung einer Depression werden häufig Medikamente eingesetzt, die zur Wiederherstellung des Gleichgewichts beitragen, indem sie die Verfügbarkeit dieser Neurotransmitter im Gehirn erhöhen.

Ähnlich, **Angststörungen** stehen im Zusammenhang mit Unregelmäßigkeiten bei Neurotransmittern wie GABA und Serotonin. Personen mit niedriger GABA-Aktivität können unter erhöhter Angst leiden, was zu einem ständigen Zustand der Nervosität oder Anspannung führt. Chronische Angstzustände können auch eine Überproduktion von Noradrenalin auslösen und so die Stressreaktion des Körpers verstärken. Diese Ungleichgewichte können dazu führen, dass Menschen unverhältnismäßig auf kleinere Stressfaktoren reagieren und sich von den alltäglichen Herausforderungen überfordert fühlen.

Unter Bedingungen wie **bipolare Störung**Im Gehirn kommt es zu Schwankungen der Neurotransmitterspiegel, insbesondere von Serotonin und Dopamin. Diese Schwankungen verursachen Stimmungsschwankungen, die zwischen depressiven Episoden und Phasen der Manie oder gesteigerten Energie abwechseln.

Während manischer Episoden können sich Personen aufgrund des erhöhten Dopaminspiegels euphorisch und impulsiv fühlen oder riskante Verhaltensweisen an den Tag legen. Die Behandlung einer bipolaren Störung erfordert häufig stimmungsstabilisierende Medikamente, die dabei helfen, diese extremen Veränderungen in der Gehirnchemie zu regulieren.

Schizophrenie, eine weitere schwere psychische Erkrankung, wird vermutlich mit einer übermäßigen Dopaminaktivität in Verbindung gebracht. Menschen mit Schizophrenie können aufgrund überaktiver Dopaminrezeptoren eine verzerrte Wahrnehmung der Realität, Wahnvorstellungen und Halluzinationen erleben. Medikamente, die die Dopaminaktivität in bestimmten Bereichen des Gehirns reduzieren sollen, werden häufig zur Behandlung der Symptome einer Schizophrenie eingesetzt.

Wenn wir den Zusammenhang zwischen Gehirnchemie und psychischer Gesundheit verstehen, können wir erkennen, wie wichtig es ist, das chemische Gleichgewicht im Gehirn aufrechtzuerhalten. Bei vielen Menschen treten psychische Probleme auf, wenn dieses Gleichgewicht gestört ist, sei es durch genetische Veranlagung, Umweltstress oder Drogenmissbrauch. In manchen Fällen können Psychotherapie, Medikamente oder Änderungen des Lebensstils dabei helfen, das Gleichgewicht wiederherzustellen und die psychische Gesundheit zu verbessern.

Wie hormonelle Veränderungen das Verhalten im Laufe des Lebens beeinflussen können

Hormone sind ein weiterer wichtiger Bestandteil der Gehirnchemie, der das Verhalten maßgeblich beeinflusst. Im Gegensatz zu Neurotransmittern, die Signale direkt zwischen Neuronen übertragen, sind Hormone chemische Botenstoffe, die in den Blutkreislauf abgegeben werden und verschiedene Teile des Körpers, einschließlich des Gehirns, beeinflussen. Im Laufe des Lebens können hormonelle

Veränderungen zu Veränderungen im Verhalten, in der Stimmung und in den kognitiven Funktionen führen.

Während **Jugend**, hormonelle Veränderungen im Zusammenhang mit der Pubertät können tiefgreifende Auswirkungen auf das Verhalten haben. Der Anstieg von Hormonen wie Testosteron bei Jungen und Östrogen bei Mädchen trägt zur Entwicklung sekundärer Geschlechtsmerkmale bei, beeinflusst aber auch die emotionale und Verhaltensregulation. Jugendliche können aufgrund der mit der Pubertät verbundenen hormonellen Schwankungen erhöhte Emotionen, erhöhte Impulsivität und Risikoverhalten verspüren. Diese hormonellen Veränderungen hängen auch mit der emotionalen Volatilität zusammen, die in dieser Entwicklungsphase häufig auftritt.

Schwangerschaft Und **Elternschaft** Dazu gehören auch erhebliche hormonelle Veränderungen, die das Verhalten beeinflussen. Während der Schwangerschaft können hormonelle Veränderungen, insbesondere des

Östrogen- und Progesteronspiegels, zu Stimmungsschwankungen, Angstzuständen oder Reizbarkeit führen. Nach der Geburt kommt es bei manchen Menschen zu Problemen **postpartale Depression**, ein Zustand, der mit dem dramatischen Abfall des Hormonspiegels nach der Entbindung verbunden ist. Das Gleichgewicht von Hormonen wie Oxytocin – oft als „Bindungshormon" bezeichnet – spielt eine entscheidende Rolle bei der Bindung zwischen Eltern und ihren Neugeborenen und fördert fürsorgliches Verhalten und emotionale Bindung.

Wenn Menschen älter werden, **Menopause** bei Frauen und **Andropause** bei Männern führen zu weiteren hormonellen Veränderungen, die sich auf das Verhalten auswirken können. Die Wechseljahre, die durch einen Rückgang von Östrogen und Progesteron gekennzeichnet sind, führen häufig zu Stimmungsschwankungen, Reizbarkeit und Veränderungen der kognitiven Funktion. Bei Männern kann ein sinkender Testosteronspiegel während der Andropause zu einem verminderten Energieniveau, Stimmungsschwankungen und einem Rückgang der Motivation oder des Interesses an Aktivitäten führen, die früher Spaß gemacht haben.

Stress ist ein weiterer Faktor, der hormonelle Veränderungen auslöst, wobei Cortisol eines der primären Stresshormone ist. Kurzfristig hilft Cortisol dem Körper, auf Stress zu reagieren, indem es die Aufmerksamkeit und Energie steigert. Chronischer Stress führt jedoch zu einem anhaltend erhöhten Cortisolspiegel, der sich negativ auf das Verhalten auswirken und zu Angstzuständen, Reizbarkeit und kognitiven Schwierigkeiten wie Gedächtnisverlust führen kann. Chronisch hohe Cortisolspiegel werden auch mit körperlichen Gesundheitsproblemen wie Bluthochdruck und einem geschwächten Immunsystem in Verbindung gebracht.

Das Verständnis, wie Hormone das Verhalten im Laufe des Lebens beeinflussen, hilft, viele der Veränderungen in der Stimmung, Motivation und kognitiven Funktion zu erklären, die

Menschen erleben. Ob im Jugendalter, während der Schwangerschaft, im Alter oder durch Stress – die Schwankungen des Hormonspiegels haben einen direkten Einfluss auf die Gehirnchemie und damit auch auf das Verhalten.

Die Rolle kognitiver Prozesse bei der Gestaltung von Handlungen

Kognitive Prozesse sind von zentraler Bedeutung dafür, wie wir unser tägliches Leben steuern, Entscheidungen treffen und auf Herausforderungen reagieren. Diese Prozesse umfassen die Art und Weise, wie wir denken, Informationen interpretieren und uns letztendlich für unser Handeln entscheiden. Unsere Gedanken, Überzeugungen und Wahrnehmungen haben einen direkten Einfluss auf unser Handeln, unabhängig davon, ob wir uns dessen bewusst sind oder nicht. Das Verständnis der komplexen Beziehung zwischen Kognition und Verhalten kann wertvolle Erkenntnisse darüber liefern, warum wir so handeln, wie wir es tun, und wie unsere mentalen Rahmenbedingungen sowohl positive als auch negative Verhaltensmuster prägen.

Wie Gedanken, Überzeugungen und Wahrnehmungen Entscheidungen beeinflussen

Im Mittelpunkt des menschlichen Verhaltens steht das Konzept, dass unsere Gedanken unser Handeln maßgeblich bestimmen. Die kognitive Psychologie legt nahe, dass die Art und Weise, wie wir die Welt um uns herum interpretieren und wahrnehmen, einen direkten Einfluss auf unsere Entscheidungen und damit auch auf unser Verhalten hat. Dieser kognitiv-verhaltensbezogene Zusammenhang bedeutet, dass vieles von dem, was wir tun, davon abhängt, wie wir denken und wie wir Situationen mental gestalten.

Beispielsweise wird eine Person, die glaubt, fähig und kompetent zu sein, Herausforderungen mit Selbstvertrauen und Beharrlichkeit angehen. Ihr Glaube an die eigenen Fähigkeiten prägt ihr Handeln – sei es bei der Übernahme neuer Aufgaben, der Lösung von Problemen oder der Verfolgung von Chancen. Auf der anderen Seite kann es sein, dass jemand, der davon überzeugt ist, dass er zum Scheitern verurteilt ist, Herausforderungen ganz aus dem Weg geht oder schnell aufgibt, wenn er mit Widrigkeiten konfrontiert wird. Diese Vermeidung liegt nicht daran, dass ihnen die Fähigkeiten zum Erfolg fehlen, sondern daran, dass ihre Gedanken bereits über das Ergebnis entschieden haben.

Auch unsere Wahrnehmung anderer spielt eine wichtige Rolle bei der Gestaltung unseres Verhaltens. Sozialpsychologen haben gezeigt, dass unser Handeln gegenüber anderen weitgehend von unserer Wahrnehmung ihrer Absichten, ihres Charakters und ihrer

Kompetenz beeinflusst wird. Wenn wir jemanden als vertrauenswürdig und freundlich wahrnehmen, neigen wir eher zu kooperativem oder helfendem Verhalten. Wenn wir umgekehrt jemanden als nicht vertrauenswürdig oder egoistisch empfinden, handeln wir möglicherweise defensiv oder misstrauisch, auch wenn sein tatsächliches Verhalten eine solche Reaktion nicht rechtfertigt.

Ein weiterer wichtiger kognitiver Faktor, der das Verhalten beeinflusst, ist **Selbstgespräch**– der interne Dialog, den wir mit uns selbst führen. Positive Selbstgespräche, die von ermutigenden und konstruktiven Gedanken geprägt sind, können zu höherer Motivation, Belastbarkeit und Risikobereitschaft führen. Negative Selbstgespräche hingegen fördern Zweifel, Angst und Zögern, was oft dazu führt, dass man nichts tut oder Herausforderungen vermeidet. Dieser interne Dialog wird durch vergangene Erfahrungen, kulturelle Konditionierungen und persönliche Überzeugungen geprägt, die alle

einen Filter bilden, durch den wir unsere
Fähigkeiten und Chancen betrachten.

Kontrollwahrnehmungen, bekannt als **Ort der
Kontrolle**, veranschaulichen weiter, wie
kognitive Prozesse das Verhalten beeinflussen.
Personen mit einer internen
Kontrollüberzeugung glauben, dass ihre
Handlungen einen direkten Einfluss auf die
Ergebnisse haben, was sie dazu veranlasst,
Verantwortung für ihr Verhalten zu übernehmen
und auf gewünschte Ziele hinzuarbeiten. Im
Gegensatz dazu glauben Menschen mit einer
externen Kontrollüberzeugung, dass Ergebnisse
von externen Kräften bestimmt werden, die
außerhalb ihrer Kontrolle liegen, was häufig zu
Gefühlen der Hilflosigkeit und der Tendenz
führt, andere oder die Umstände für ihr Versagen
verantwortlich zu machen.

Die Psychologie automatischen vs. absichtlichen Verhaltens

Menschliches Verhalten lässt sich im
Allgemeinen in zwei Typen einteilen:

automatisches Verhalten und absichtliches Verhalten. Diese beiden Wirkungsweisen stellen unterschiedliche kognitive Pfade dar, die uns bei der Reaktion auf Situationen und beim Treffen von Entscheidungen leiten.

Automatische Verhaltensweisen sind jene Handlungen, die ohne bewusstes Nachdenken oder bewusste Anstrengung erfolgen. Diese Verhaltensweisen sind oft gewohnheitsmäßig und entstehen durch wiederholte Erfahrungen und Übung. Mit der Zeit werden bestimmte Handlungen so routinemäßig, dass sie kein aktives kognitives Engagement mehr erfordern. Wenn Sie beispielsweise eine vertraute Strecke zurücklegen oder sich die Zähne putzen, denken Sie nicht aktiv über jeden Schritt nach, sondern machen ihn einfach. Diese automatischen Verhaltensweisen sind effizient, weil sie kognitive Ressourcen für komplexere Aufgaben freisetzen. Problematisch können sie aber auch sein, wenn negative Gewohnheiten oder reflexartige Reaktionen ohne kritische Reflexion dominieren.

Eines der Schlüsselelemente des automatischen Verhaltens ist **Heuristiken**– mentale Abkürzungen oder Faustregeln, die es uns ermöglichen, schnelle Urteile zu fällen. Während Heuristiken bei der Entscheidungsfindung nützlich sein können, können sie auch zu kognitiven Verzerrungen führen, bei denen wir aufgrund fehlerhafter oder zu stark vereinfachter Überlegungen Fehler bei der Beurteilung machen. Zum Beispiel die **Verfügbarkeitsheuristik** führt dazu, dass Menschen die Wahrscheinlichkeit von Ereignissen überschätzen, basierend darauf, wie leicht ihnen Beispiele in den Sinn kommen. Aus diesem Grund haben Menschen möglicherweise mehr Angst vor seltenen Ereignissen wie Flugzeugabstürzen als vor häufigen Risiken wie Autounfällen.

Auf der anderen Seite, **absichtliche Verhaltensweisen** erfordern bewusstes Denken, Anstrengung und Entscheidungsfindung. Zu diesen Handlungen kommt es, wenn wir unsere Optionen bewusst abwägen, die Konsequenzen abwägen und die beste Vorgehensweise wählen. Um komplexe Probleme zu lösen, wichtige Lebensentscheidungen zu treffen oder sich in unbekannten Situationen zurechtzufinden, sind oft bewusste Verhaltensweisen erforderlich. Wenn es beispielsweise darum geht, ein neues Stellenangebot anzunehmen oder eine wichtige Beziehung einzugehen, ist es wahrscheinlicher, dass Einzelpersonen bewusste Verhaltensweisen an den Tag legen, bei denen verschiedene Faktoren sorgfältig berücksichtigt werden.

Der **Dual-Prozess-Theorie** Die Erkenntnis erklärt den Unterschied zwischen diesen beiden Verhaltensweisen. Nach dieser Theorie funktioniert das menschliche Denken auf zwei Ebenen: **System 1**, das schnell, automatisch und emotional ist, und **System 2**, was langsam, bewusst und logisch ist. Während System 1 für alltägliche automatische Aktionen verantwortlich ist, wird System 2 aktiviert, wenn wir mit neuartigen oder herausfordernden Situationen konfrontiert werden, die eine sorgfältige Analyse erfordern.

Allerdings ist die Wechselwirkung zwischen automatischem und bewusstem Verhalten nicht immer einfach. Manchmal können Gewohnheiten oder automatische Reaktionen die rationale Entscheidungsfindung außer Kraft setzen und zu impulsivem oder kontraproduktivem Verhalten führen. Jemand, der beispielsweise die automatische Angewohnheit entwickelt hat, bei Stress zu naschen, kann es schwierig finden, damit aufzuhören, selbst wenn er bewusst erkennt, dass es ungesund ist. Ebenso können Personen, die zu Wut neigen, in frustrierenden Situationen automatisch reagieren, ohne innezuhalten, um über die möglichen Folgen ihres Wutausbruchs nachzudenken.

Wie kognitive Verzerrungen zu negativen Verhaltensmustern führen

Kognitive Verzerrungen sind voreingenommene Denkweisen, die negative Überzeugungen und Verhaltensweisen verstärken. Diese

Verzerrungen führen häufig zu irrationalen oder übertriebenen Wahrnehmungen der Realität und führen dazu, dass Einzelpersonen auf eine Weise handeln, die nicht ihren Interessen entspricht. Das Verständnis kognitiver Verzerrungen kann uns helfen zu erkennen, wie fehlerhafte Denkmuster zu negativen Verhaltenszyklen beitragen.

Eine häufige kognitive Verzerrung ist **Alles-oder-Nichts-Denken**, bei dem Einzelpersonen Situationen in Schwarz-Weiß-Begriffen betrachten. Diese Art des Denkens führt dazu, dass die Menschen glauben, dass die Ergebnisse entweder völlig erfolgreich oder völlig gescheitert sind und dass es keinen Raum für Nuancen gibt. Beispielsweise kann ein Student, der bei einer Aufgabe eine schlechtere Note erhält, zu dem Schluss kommen, dass er ein völliger Versager ist, auch wenn seine akademischen Leistungen insgesamt gut sind. Dieses verzerrte Denken führt häufig zu Perfektionismus, Aufschub und

Vermeidung, da der Einzelne befürchtet, seinen hohen Ansprüchen nicht gerecht zu werden.

Katastrophal ist eine weitere kognitive Verzerrung, die zu übertriebenem negativem Denken führt. Personen, die eine Katastrophe erleben, neigen dazu, in einer bestimmten Situation das schlechtestmögliche Ergebnis zu erwarten, selbst wenn die Wahrscheinlichkeit eines solchen Ergebnisses gering ist. Beispielsweise könnte jemand, der eine geringfügige Meinungsverschiedenheit mit einem Kollegen hat, davon ausgehen, dass dies zum Verlust des Arbeitsplatzes oder zur sozialen Isolation führt. Dieses verzerrte Denkmuster kann Angst, Stress und Vermeidungsverhalten auslösen, da sich der Einzelne von imaginären Worst-Case-Szenarien überwältigt fühlt.

Übergeneralisierung tritt auf, wenn Menschen eine einzelne negative Erfahrung aufgreifen und sie auf ihr gesamtes Leben übertragen. Wenn beispielsweise jemand abgelehnt wird, nachdem er jemanden nach einem Date gefragt hat, könnte er zu dem Schluss kommen, dass er nicht liebenswert ist oder dazu bestimmt ist, für immer allein zu sein. Diese verzerrte Denkweise setzt einen Kreislauf aus geringem Selbstwertgefühl und selbstsabotierendem Verhalten fort, da die Menschen negative Ergebnisse verinnerlichen und glauben, dass sie unweigerlich erneut auftreten werden.

Gedankenlesen ist eine weitere Verzerrung, bei der wir davon ausgehen, dass wir wissen, was andere denken, was oft zu unserem Nachteil ist. Beispielsweise könnte eine Person glauben, dass andere schlecht über sie denken, auch wenn dafür keine Beweise vorliegen. Dieser Glaube kann zu sozialem Rückzug, defensivem Verhalten oder übermäßigem Gefallen an anderen führen, da der Einzelne versucht, die negativen Urteile zu vermeiden, von denen er annimmt, dass andere sie fällen. In Wirklichkeit sind diese Annahmen oft unbegründet, aber sie beeinflussen das Verhalten erheblich.

Um sich von kognitiven Verzerrungen zu befreien, muss der Einzelne seine automatischen negativen Gedanken in Frage stellen und sie durch rationaleres, evidenzbasiertes Denken ersetzen. Die kognitive Verhaltenstherapie (CBT) ist ein weit verbreiteter Ansatz, der Menschen dabei hilft, verzerrte Denkmuster zu erkennen und neu zu definieren. Durch die Identifizierung der zugrunde liegenden Überzeugungen, die negatives Verhalten antreiben, können Einzelpersonen eine größere Kontrolle über ihre Handlungen erlangen und gesündere Bewältigungsstrategien entwickeln.

Der Einfluss von Emotionen auf die Entscheidungsfin dung

Menschliche Entscheidungen sind selten so logisch und rational, wie wir vielleicht glauben möchten. Während Logik und Vernunft eine wichtige Rolle bei der Art und Weise spielen, wie wir handeln, sind unsere Emotionen oft die treibende Kraft hinter vielen unserer Entscheidungen. Emotionen bilden einen Rahmen dafür, wie wir Situationen wahrnehmen und Optionen bewerten. Das Verständnis des tiefgreifenden Einflusses von Emotionen auf die Entscheidungsfindung ist der Schlüssel zu einer besseren Bewältigung unserer Handlungen, insbesondere in Situationen mit hohem Risiko oder Stress.

Die Macht der Emotionen und ihr Einfluss auf rationales Denken

Emotionen sind starke Motivatoren und ihre Wirkung auf die Entscheidungsfindung ist oft unmittelbar und tiefgreifend. Sie beeinflussen, wie wir Informationen verarbeiten, Risiken bewerten und Ziele priorisieren. Während logisches Denken unsere Entscheidungen leiten soll, übernehmen Emotionen häufig die Führung, prägen unsere Wahrnehmung und drängen uns zu Entscheidungen, die möglicherweise nicht immer mit vernünftigem Denken übereinstimmen.

Wenn Personen beispielsweise starke Gefühle für eine Situation hegen, neigen sie dazu, vorschnelle Urteile auf der Grundlage ihres emotionalen Zustands zu fällen, anstatt die

Fakten sorgfältig abzuwägen. Jemand, der starke Wut verspürt, kann in einem Konflikt aggressiv reagieren, ohne sich die Zeit zu nehmen, über die langfristigen Konsequenzen seines Handelns nachzudenken. Ebenso könnte sich eine Person, die sich überglücklich fühlt, impulsiv zu etwas entschließen, beispielsweise zu einem großen Kauf, ohne die Praktikabilität zu berücksichtigen.

Einer der Hauptgründe dafür, dass Emotionen einen so starken Einfluss auf die Entscheidungsfindung haben, ist, dass sie in einem schnelleren und ursprünglicheren Teil des Gehirns wirken als die Logik. Die emotionalen Zentren des Gehirns, insbesondere das **Amygdala**Sie sind dafür verantwortlich, emotionale Reize schnell zu verarbeiten und darauf zu reagieren. Diese schnelle Reaktion kann in Situationen von Vorteil sein, die sofortiges Handeln erfordern, beispielsweise bei der Flucht vor einer Bedrohung. Bei komplexen Entscheidungen, die sorgfältiges Nachdenken erfordern, können Emotionen jedoch manchmal

das Urteilsvermögen trüben und zu schlechten
Entscheidungen führen.

Darüber hinaus beeinflussen Emotionen
tendenziell die Art und Weise, wie wir die
Informationen um uns herum interpretieren.
Diese kognitive Voreingenommenheit, bekannt
als **emotionales Denken**, tritt auf, wenn wir
davon ausgehen, dass unsere Gefühle die
Realität widerspiegeln müssen, weil wir sie auf
eine bestimmte Weise empfinden. Wenn jemand
beispielsweise Angst vor einem
gesellschaftlichen Treffen hat, könnte er zu dem
Schluss kommen, dass das Ereignis unangenehm
oder unangenehm sein wird, auch wenn es keine
Beweise gibt, die diese Annahme stützen.
Emotionales Denken kann dazu führen, dass
Menschen Situationen unnötigerweise meiden,
da sie ihren Entscheidungsprozess von ihren
Emotionen dominieren lassen, anstatt die Fakten
objektiv zu bewerten.

Wie Angst, Wut, Glück und Traurigkeit Entscheidungen und Handlungen beeinflussen

Verschiedene Emotionen beeinflussen auf einzigartige Weise die Entscheidungen, die wir treffen, oft auf eine Weise, die eng mit ihren evolutionären Wurzeln verbunden ist. Das Verständnis der unterschiedlichen Auswirkungen allgemeiner Emotionen wie Angst, Wut, Glück und Traurigkeit kann Aufschluss darüber geben, wie Emotionen das Verhalten in verschiedenen Kontexten beeinflussen.

FurchtBeispielsweise handelt es sich um eine starke Emotion, die die Entscheidungsfindung vorantreiben kann, indem sie die natürliche Kampf-oder-Flucht-Reaktion des Körpers auslöst. Wenn wir mit einer vermeintlichen Bedrohung konfrontiert werden, ermutigt uns die Angst, schnell zu handeln, indem wir der Gefahr entweder aus dem Weg gehen oder uns ihr direkt stellen. Während diese Reaktion in bestimmten Situationen lebensrettend sein kann, kann Angst in nicht bedrohlichen Kontexten auch zu übervorsichtigen oder irrationalen Entscheidungen führen. Beispielsweise kann die Angst vor dem Scheitern dazu führen, dass jemand das Eingehen von Risiken vermeidet, selbst wenn diese Risiken für die persönliche Entwicklung notwendig sind. Angst kann auch dazu führen **Risikoaversion**Dabei wählen Einzelpersonen die sicherste Option, um mögliche negative Folgen zu vermeiden, auch wenn die anspruchsvollere Option zu größeren Belohnungen führen könnte.

Wut ist eine weitere Emotion, die die Entscheidungsfindung erheblich beeinflusst und häufig zu impulsiven und manchmal destruktiven Handlungen führt. Wenn Menschen wütend sind, handeln sie eher, ohne die Konsequenzen vollständig zu bedenken, da Wut ihren Fokus einschränkt und ihren Wunsch nach einer sofortigen Lösung verstärkt. In Momenten der Wut könnten Menschen beispielsweise verletzende Dinge sagen oder vorschnelle Entscheidungen treffen, die sie später bereuen.

Untersuchungen haben gezeigt, dass Wut auch das Vertrauen des Einzelnen in seine Entscheidungen stärken kann, selbst wenn diese Entscheidungen irrational sind. Dieses übermäßige Selbstvertrauen kann zu schlechten Entscheidungen führen, die schwer rückgängig zu machen sind, wie zum Beispiel zu einer plötzlichen Kündigung des Jobs oder zur Beendigung einer Beziehung, ohne dass man alles gründlich durchdacht hat.

Am anderen Ende des Spektrums **Glück** können auch die Entscheidungsfindung beeinflussen und oft zu optimistischerem und risikofreudigerem Verhalten führen. Wenn Menschen sich glücklich fühlen, neigen sie dazu, Situationen positiver zu sehen und neigen eher zu Verhaltensweisen, die ihre gehobene Stimmung widerspiegeln. Beispielsweise sind Personen in einem glücklichen Zustand möglicherweise offener für neue Erfahrungen oder mutige Investitionen, da sie sich hinsichtlich des Erfolgspotenzials sicherer fühlen. Allerdings kann dieser Optimismus manchmal dazu führen, dass potenzielle Risiken oder Nachteile übersehen werden, da der Wunsch, positive Gefühle aufrechtzuerhalten, das objektive Urteilsvermögen trüben kann.

TraurigkeitAndererseits wirkt es sich tendenziell entscheidungsdämpfend aus. Wenn Menschen traurig sind, werden sie möglicherweise nachdenklicher und vorsichtiger, was zu langsameren und bewussteren Entscheidungsprozessen führt. Traurigkeit kann jedoch auch zu Unentschlossenheit oder mangelnder Motivation führen, da sich der Einzelne möglicherweise von seinen Emotionen überwältigt fühlt und Schwierigkeiten hat, Maßnahmen zu ergreifen. In manchen Fällen kann Traurigkeit dazu führen, dass Menschen Trost in vertrauten Routinen suchen oder neue Herausforderungen ganz meiden, da für sie emotionale Stabilität wichtiger ist als das Eingehen von Risiken.

Emotionale Auslöser, die oft zu impulsivem Verhalten führen

Impulsives Verhalten wird oft durch starke emotionale Auslöser ausgelöst, die die Fähigkeit des Gehirns zur Selbstregulierung und zum rationalen Denken außer Kraft setzen können. Diese emotionalen Auslöser, unabhängig davon, ob sie in Wut, Angst, Aufregung oder Frustration wurzeln, können Menschen dazu veranlassen, zu handeln, ohne die Konsequenzen vollständig zu berücksichtigen.

Ein häufiger emotionaler Auslöser für impulsives Verhalten ist **Stress**. Wenn Menschen unter Stress stehen, verringert sich ihre Fähigkeit, klar und rational zu denken. Stress aktiviert das **sympathisches Nervensystem**Dies führt zur Freisetzung von Hormonen wie Cortisol und Adrenalin. Diese Hormone bereiten den Körper auf sofortige Maßnahmen vor, verringern aber auch die Fähigkeit des Gehirns zur langfristigen Planung und Entscheidungsfindung. Infolgedessen handeln Menschen unter Stress möglicherweise impulsiv – sei es, dass sie einen ungeplanten Kauf tätigen, einen geliebten Menschen angreifen oder einen

Job kündigen –, ohne die möglichen langfristigen Auswirkungen ihres Handelns zu berücksichtigen.

Frustration ist ein weiterer emotionaler Auslöser, der häufig zu impulsivem Verhalten führt. Wenn Menschen frustriert sind, insbesondere wenn diese auf unerfüllte Erwartungen oder Hindernisse zurückzuführen sind, fühlen sie sich möglicherweise gezwungen, schnell zu handeln, um die negativen Emotionen zu lindern. Beispielsweise könnte jemand, der über den langsamen Fortschritt eines Projekts frustriert ist, es in einem Moment der Ungeduld ganz aufgeben, selbst wenn er kurz vor dem Erreichen seines Ziels steht. Ebenso kann Frustration in einer Beziehung zu impulsiven Handlungen wie Streiten, Weggehen oder Entscheidungen ohne angemessene Kommunikation führen.

Aufregung Und **Vorwegnahme** sind auch starke emotionale Auslöser, die impulsive Entscheidungen auslösen können. Der Nervenkitzel einer neuen Chance oder die

Begeisterung über eine mögliche Belohnung können dazu führen, dass Menschen Risiken übersehen und spontan handeln. Beispielsweise kann die Aufregung, ein Spiel zu gewinnen oder einen Bonus zu erhalten, jemanden dazu verleiten, überstürzt einen Kauf oder eine Investition zu tätigen, ohne die Konsequenzen vollständig abzuschätzen. Diese Art von impulsivem Verhalten wird oft von dem Wunsch nach sofortiger Befriedigung angetrieben, da das emotionale Hoch des Augenblicks Vorrang vor der sorgfältigen Abwägung langfristiger Ergebnisse hat.

Sogar **Langeweile** kann ein emotionaler Auslöser für impulsives Verhalten sein. Wenn sich Menschen langweilen, suchen sie möglicherweise nach Stimulation oder Aufregung, um das Unbehagen der Inaktivität zu lindern. Dies kann zu spontanen Entscheidungen führen, bei denen kurzfristiges Vergnügen Vorrang vor langfristiger Planung hat, wie etwa riskante Verhaltensweisen oder unnötige Einkäufe. Das Bedürfnis, der Langeweile zu entfliehen, kann Menschen dazu bringen, Entscheidungen zu treffen, die sie später möglicherweise bereuen, da die in solchen Momenten getroffenen Entscheidungen oft eher reaktiv als nachdenklich sind.

Soziale Einflüsse und Verhaltensnormen

Menschliches Verhalten ist selten ein völlig individuelles Phänomen. Es wird nicht nur von persönlichen Überzeugungen und Werten geprägt, sondern auch von einer Vielzahl sozialer Faktoren, die subtile, aber starke Einflüsse ausüben. Gesellschaftliche Erwartungen, Peergroups, Familiendynamik, kulturelle Traditionen und Medien tragen alle dazu bei, zu definieren, was als akzeptables oder „normales" Verhalten gilt. Das Verständnis dieser sozialen Einflüsse gibt Aufschluss darüber, warum Menschen so handeln, wie sie es tun, und wie ihr Handeln oft von der Notwendigkeit geleitet wird, sich an externe Standards anzupassen, manchmal sogar auf Kosten persönlicher Wünsche oder Überzeugungen.

Die Auswirkung gesellschaftlicher Erwartungen auf das Verhalten

Gesellschaftliche Erwartungen bilden einen unsichtbaren Rahmen, innerhalb dessen Menschen ihr Leben steuern. Diese Erwartungen bestimmen, wie sich Einzelpersonen in verschiedenen Umgebungen verhalten, kommunizieren, kleiden und sogar denken sollen. Von früher Kindheit an wird den Menschen beigebracht, was als angemessenes Verhalten in verschiedenen Situationen gilt, sei es in der Schule, am Arbeitsplatz oder im öffentlichen Raum. Diese gesellschaftlichen Standards beeinflussen das Verhalten, indem sie die Vorstellung verstärken, dass Abweichungen von der Norm zu sozialer Missbilligung oder Ablehnung führen können.

Eine der wirksamsten Möglichkeiten, wie gesellschaftliche Erwartungen das Verhalten beeinflussen, ist das Konzept von **soziale Rollen**. Jeder Mensch nimmt in der Gesellschaft mehrere Rollen ein – etwa als Elternteil, Angestellter, Schüler oder Freund – und jede Rolle bringt ihre eigenen Verhaltensnormen mit sich. Beispielsweise erwartet die Gesellschaft von Lehrern, dass sie im Unterricht mit Autorität und Professionalität agieren und gleichzeitig Mitgefühl und Geduld gegenüber den Schülern zeigen. Ebenso erwartet die Gesellschaft von Eltern, dass sie fürsorglich und verantwortungsbewusst sind und ihre Kinder mit Liebe und Disziplin führen.

Wenn Menschen diese sozialen Rollen erfüllen, tun sie dies oft aus einem Gefühl der Verpflichtung oder Verantwortung heraus, auch wenn ihre persönlichen Wünsche oder Emotionen sie möglicherweise in eine andere Richtung führen. Ein Elternteil könnte persönliche Interessen oder Hobbys opfern, um mehr Zeit mit seinen Kindern zu verbringen, weil die Gesellschaft dies als das „Richtige" ansieht. Manchmal kann der Druck, diese Erwartungen zu erfüllen, zu Stress führen, insbesondere wenn persönliche Überzeugungen oder Umstände im Widerspruch zu gesellschaftlichen Standards stehen. Beispielsweise könnte sich jemand unter Druck gesetzt fühlen, in einem Job zu bleiben, den er nicht mag, nur weil die Gesellschaft beruflichen Erfolg mit Stabilität und Status gleichsetzt.

In vielen Kulturen waren die gesellschaftlichen Erwartungen an Geschlechterrollen historisch gesehen besonders starr. Traditionell wurde von Männern erwartet, dass sie Versorger und Beschützer sind, während von Frauen erwartet wurde, dass sie Betreuerinnen und Hausfrauen sind. Obwohl sich diese Rollen weiterentwickelt haben, beeinflussen sie immer noch das Verhalten und führen oft zu internen Konflikten bei Personen, die sich nicht mit diesen traditionellen Rollen identifizieren. Eine Frau, die eine Karriere in einem von Männern dominierten Bereich anstrebt, könnte gesellschaftlichem Druck ausgesetzt sein, sich an traditionelle Geschlechternormen anzupassen, während ein Mann, der sich dafür entscheidet, zu Hause zu bleiben, um seine Kinder großzuziehen, möglicherweise in Frage gestellt wird, weil er aus der typischen männlichen Rolle heraustritt.

Wie Gruppenzwang und soziale Konformität das Handeln prägen

Gruppenzwang ist eine der direktesten Formen sozialer Einflussnahme, insbesondere in der Jugend und im frühen Erwachsenenalter, wirkt sich jedoch ein Leben lang weiter aus. Sie tritt auf, wenn Einzelpersonen sich gezwungen fühlen, sich den Verhaltensweisen, Einstellungen oder Entscheidungen einer Gruppe anzupassen, um Akzeptanz zu erlangen oder soziale Ablehnung zu vermeiden. Gruppenzwang kann positiv sein und Einzelpersonen dazu ermutigen, sich an nützlichen Aktivitäten zu beteiligen, wie

z. B. fleißig zu lernen oder sich an gemeinnützigen Diensten zu beteiligen, aber er kann auch zu negativen Verhaltensweisen wie Drogenmissbrauch, rücksichtslosem Handeln oder ungesundem Wettbewerb führen.

Soziale Konformität, eng verbunden mit Gruppenzwang, bezieht sich auf die Tendenz, das eigene Verhalten an Gruppennormen anzupassen. Dieser Wunsch nach Konformität wird oft durch das menschliche Bedürfnis nach Zugehörigkeit angetrieben, da die Zugehörigkeit zu einer Gruppe emotionale Unterstützung, Sicherheit und Identität bietet. In vielen Situationen passen sich Menschen an, um nicht als anders oder ausgestoßen abgestempelt zu werden, selbst wenn ihre persönlichen Vorlieben möglicherweise nicht mit den Verhaltensweisen oder Überzeugungen der Gruppe übereinstimmen.

Ein klassisches Beispiel für soziale Konformität ist **Aschs Konformitätsexperimente**, bei dem die Teilnehmer gebeten wurden, in einer Gruppenumgebung Antworten auf einfache

Fragen zu geben. Obwohl viele Teilnehmer die richtigen Antworten kannten, folgten sie den falschen Antworten der Mehrheit, was die starke Wirkung des Gruppeneinflusses demonstrierte. Dieses Experiment zeigt, wie Einzelpersonen der Gruppenharmonie und -akzeptanz Vorrang vor persönlicher Genauigkeit oder Authentizität einräumen können.

Im Alltag kann sich soziale Konformität in so kleinen Entscheidungen wie der Wahl der Mode oder so wichtigen Entscheidungen wie politischen oder religiösen Zugehörigkeiten manifestieren. Jemand trägt möglicherweise eine bestimmte Kleidungsmarke, nicht weil er sie persönlich bevorzugt, sondern weil seine Mitmenschen sie bevorzugen, oder er übernimmt möglicherweise die politische Meinung seiner Freunde und Familie, auch wenn diese nicht ganz derselben Meinung sind. Diese Tendenz zur Konformität wird besonders deutlich in Umgebungen wie Schulen, Arbeitsplätzen oder sozialen Medien, wo sichtbare Unterschiede zu

Gruppennormen zu sozialer Ausgrenzung oder Lächerlichkeit führen können.

Insbesondere Social-Media-Plattformen verstärken den Gruppenzwang und die soziale Konformität, indem sie Umgebungen schaffen, in denen die Handlungen des Einzelnen ständig sichtbar sind und einer genauen Prüfung unterliegen. Der Wunsch, „Likes", Follower oder soziale Anerkennung zu gewinnen, kann Menschen dazu veranlassen, sich auf eine Weise zu verhalten, die mit populären Trends übereinstimmt, manchmal auf Kosten ihrer persönlichen Werte. Beispielsweise könnte jemand Inhalte posten, die er nicht vollständig unterstützt, oder an viralen Challenges teilnehmen, nur um sich in die breitere soziale Konversation einbezogen zu fühlen.

Die Rolle von Familie, Kultur und Medien bei der Definition „normalen" Verhaltens

Familie, Kultur und Medien sind starke Sozialisationsfaktoren, die dazu beitragen, das

Verständnis der Menschen darüber zu prägen, was „normales" Verhalten ist. Von Geburt an werden Menschen von diesen Kräften beeinflusst, die ihnen die Werte, Überzeugungen und Verhaltensweisen vermitteln, die sie bis ins Erwachsenenalter tragen werden.

Familie spielt eine grundlegende Rolle bei der Gestaltung des Verhaltens. Kinder lernen ihre frühesten Lektionen über akzeptables Verhalten von Eltern und anderen Familienmitgliedern, die bestimmte Handlungen vorleben und verstärken. Durch direkte Anleitung und Beobachtung verinnerlichen Einzelpersonen Familienwerte, Traditionen und Regeln, die ihr Verhalten während des gesamten Lebens leiten. Beispielsweise wird eine Familie, die Wert auf die Bedeutung von Bildung legt, wahrscheinlich Kinder großziehen, die schulische Leistungen wertschätzen und eine höhere Bildung anstreben. Umgekehrt könnte eine Familie, die Unabhängigkeit und Eigenverantwortung priorisiert, Kinder großziehen, die eher dazu neigen, Risiken einzugehen oder unternehmerische Wege einzuschlagen.

Familiendynamiken beeinflussen auch, wie sich Einzelpersonen in Beziehungen verhalten. Beispielsweise neigen Menschen, die in Familien aufgewachsen sind, in denen die Kommunikation offen und unterstützend war, eher zu einer gesunden Kommunikation in ihren eigenen Beziehungen. Andererseits können Personen, die Konflikte oder Funktionsstörungen in ihren Familien erlebt haben, später im Leben Schwierigkeiten haben, gesunde Grenzen zu bilden oder Konflikte zu bewältigen.

Kultur erweitert den Einflussbereich weiter, indem es den breiteren sozialen Kontext bereitstellt, in dem Einzelpersonen leben. Kulturelle Normen variieren stark zwischen den Gesellschaften und bestimmen das Verhalten in Bereichen wie Moral, Geschlechterrollen, religiösen Praktiken und Kommunikationsstilen. Einige Kulturen legen beispielsweise Wert auf kollektive Verantwortung und geben der

Gruppenharmonie Vorrang vor individuellen Wünschen, während andere Individualismus und persönliche Autonomie fördern. Diese kulturellen Werte prägen das Verhalten maßgeblich, indem sie Erwartungen darüber festlegen, wie Menschen mit anderen interagieren und im täglichen Leben Entscheidungen treffen sollen.

Kulturelle Normen bestimmen auch, wie Menschen auf Herausforderungen, Erfolge und Misserfolge reagieren. In Kulturen, die emotionale Zurückhaltung schätzen, unterdrücken Menschen ihre Gefühle möglicherweise in der Öffentlichkeit, selbst in Situationen extremer Belastung. In Kulturen, die den emotionalen Ausdruck fördern, wird die offene Zurschaustellung von Emotionen möglicherweise nicht nur als akzeptabel, sondern auch als notwendig für soziale Bindungen angesehen. Diese kulturellen Unterschiede verdeutlichen, dass Verhalten oft ein Spiegelbild des breiteren gesellschaftlichen

Kontexts und nicht eine rein individuelle
Entscheidung ist.

MedienInsbesondere im digitalen Zeitalter spielt
es eine entscheidende Rolle bei der Gestaltung
der Wahrnehmung normaler Verhaltensweisen.
Fernsehen, Filme, soziale Medien und
Nachrichtenkanäle schaffen wirkungsvolle
Narrative darüber, wie Menschen aussehen, sich
verhalten und interagieren sollten.
Mediendarstellungen prägen häufig
gesellschaftliche Standards und beeinflussen die
Art und Weise, wie Einzelpersonen sich selbst
und andere wahrnehmen. Beispielsweise kann
der wiederholte Kontakt mit
Mediendarstellungen bestimmter Körpertypen,
Erfolgsgeschichten oder Lebensstile Druck
erzeugen, sich diesen Idealen anzupassen, auch
wenn diese unrealistisch oder unerreichbar sind.

Der Aufstieg von Social-Media-Plattformen hat
diesen Einfluss verstärkt, da Einzelpersonen
ständig kuratierten Versionen des Lebens anderer
Menschen ausgesetzt sind. Diese Exposition
kann zu unrealistischen Erwartungen an Erfolg,

Schönheit und Glück führen und dazu führen, dass sich Menschen auf Verhaltensweisen einlassen, die darauf abzielen, sich diesen gesellschaftlich konstruierten Idealen anzupassen. Der Druck, sich an mediengetriebene Standards anzupassen, kann das Selbstwertgefühl, die psychische Gesundheit und die persönliche Entscheidungsfindung beeinträchtigen, da Menschen sich mit den oft idealisierten Bildern und Lebensstilen vergleichen, die von Influencern und Prominenten präsentiert werden.

Persönlichkeitsty pen und Verhaltenstende nzen

Um menschliches Verhalten zu verstehen, ist eine Untersuchung der Persönlichkeit erforderlich, ein grundlegender Aspekt, der vorhersagt, wie sich Personen in verschiedenen Situationen wahrscheinlich verhalten werden. Persönlichkeit umfasst die konsistenten Denk-, Gefühls- und Verhaltensmuster, die Menschen einzigartig machen. Während äußere Einflüsse wie die Umwelt und soziale Normen eine Rolle bei der Verhaltensgestaltung spielen, hat die innere Welt der Persönlichkeitsmerkmale einen erheblichen Einfluss darauf, wie der Einzelne auf diese Einflüsse reagiert. Durch das Verständnis von Persönlichkeitsmerkmalen und -modellen können wir einen tieferen Einblick in die Art und Weise gewinnen, wie verschiedene Menschen Entscheidungen treffen, Beziehungen verwalten und die Herausforderungen des Lebens meistern.

Wie Persönlichkeitsmerkmale Verhalten vorhersagen

Persönlichkeitsmerkmale dienen als Prädiktoren dafür, wie sich Menschen in verschiedenen Situationen verhalten. Bei diesen Merkmalen handelt es sich um dauerhafte Merkmale, die über die Zeit und in allen Situationen relativ stabil bleiben. Beispielsweise ist eine Person, die im Allgemeinen angenehm ist, wahrscheinlich nicht nur bei der Arbeit, sondern auch im sozialen und familiären Umfeld kooperativ, freundlich und einfühlsam. Umgekehrt kann es bei jemandem mit einem hohen Grad an Neurotizismus häufig zu Angstzuständen, Reizbarkeit oder emotionaler Instabilität kommen, was sich auf die Art und Weise auswirkt, wie er mit Stress oder Konflikten im täglichen Leben umgeht.

Eine Möglichkeit, den Zusammenhang zwischen Persönlichkeitsmerkmalen und Verhalten zu verstehen, ist durch **Dispositionstheorie**, was darauf hindeutet, dass das Verhalten des Einzelnen weitgehend von seinen inhärenten Merkmalen bestimmt wird. Beispielsweise ist jemand mit hoher Gewissenhaftigkeit wahrscheinlich organisiert, verantwortungsbewusst und detailorientiert, was zum Erfolg in Berufen führen kann, die Planung und Präzision erfordern, wie etwa Projektmanagement oder Ingenieurwesen. Andererseits kann es sein, dass jemand, der in Sachen Gewissenhaftigkeit schlecht abschneidet, mit Fristen zu kämpfen hat, Details übersieht oder bei beruflichen oder persönlichen Verpflichtungen weniger zuverlässig ist.

In die gleiche Richtung gehen auch Eigenschaften wie **Extraversion** oder **Introvertiertheit** beeinflussen, wie Individuen mit anderen interagieren. Extrovertierte, die normalerweise kontaktfreudig und energisch sind, können in Umgebungen erfolgreich sein, die Teamarbeit, öffentliches Reden oder Führungsrollen erfordern. Introvertierte, die dazu neigen, einsame oder wenig stimulierende Umgebungen zu bevorzugen, tendieren möglicherweise zu Berufen, die eine tiefe Konzentration und unabhängiges Arbeiten ermöglichen, wie etwa Schreiben, Recherchieren oder Design. Diese Merkmale beeinflussen nicht nur die Berufswahl, sondern auch soziale Beziehungen, Entscheidungsprozesse und den Umgang des Einzelnen mit Stress oder Konflikten.

Auch wenn Persönlichkeitsmerkmale aussagekräftige Indikatoren für das Verhalten sind, ist es wichtig zu beachten, dass sie nicht in jeder Situation das Verhalten bestimmen. Kontext, emotionaler Zustand und äußerer Druck können die Art und Weise verändern, wie ein Merkmal ausgedrückt wird. Selbst eine sehr gewissenhafte Person kann beispielsweise aufgrund unvorhergesehener Umstände gelegentlich eine Frist verpassen. Langfristig gesehen bieten Persönlichkeitsmerkmale jedoch einen verlässlichen Rahmen zur Vorhersage von Verhaltenstendenzen.

Die verschiedenen Persönlichkeitsmodelle und was sie für Ihr Handeln bedeuten

Es wurden mehrere Modelle entwickelt, um Persönlichkeitsmerkmale zu kategorisieren und zu verstehen, aber eines der am weitesten verbreiteten Modelle ist das **Big Five Persönlichkeitsmerkmale** Modell. Dieses Modell identifiziert fünf Kerndimensionen der Persönlichkeit: Offenheit für Erfahrungen, Gewissenhaftigkeit, Extraversion, Verträglichkeit und Neurotizismus (oft unter dem Akronym OCEAN bekannt). Diese Merkmale umfassen ein breites Spektrum an Verhaltensweisen und Einstellungen, die insgesamt die Persönlichkeit eines Individuums prägen.

1. **Offenheit für Erfahrungen**: Personen mit diesem Merkmal sind oft neugierig, einfallsreich und offen für neue Ideen und Erfahrungen. Sie erforschen gerne neue Konzepte und gehen bei der Suche nach Wissen oder Abenteuern eher Risiken ein. Im Gegensatz dazu bevorzugen diejenigen, die bei Offenheit schlecht abschneiden, möglicherweise Routine, Vertrautheit und praktische Lösungen und vermeiden oft Unsicherheit oder unkonventionelle Ideen. Dieses Merkmal beeinflusst das Verhalten in Bereichen wie Berufswahl, Hobbys und Entscheidungsfindung. Eine Person mit hoher Offenheit sucht möglicherweise nach kreativen oder explorativen Berufen, während jemand mit geringer Offenheit möglicherweise stabile, vorhersehbare Arbeitsumgebungen bevorzugt.

2. **Gewissenhaftigkeit**: Menschen mit einem hohen Maß an Gewissenhaftigkeit sind oft fleißig, organisiert und verantwortungsbewusst. Sie neigen dazu,

sich Ziele zu setzen, Pläne umzusetzen und ein ausgeprägtes Pflichtbewusstsein an den Tag zu legen. Dieses Merkmal ist ein starker Indikator für den akademischen und beruflichen Erfolg, da gewissenhafte Menschen eher dazu neigen, Fristen einzuhalten, den Fokus zu behalten und Aufgaben effizient zu bewältigen. Eine geringe Gewissenhaftigkeit hingegen kann zu Aufschub, Desorganisation und einem Mangel an Liebe zum Detail führen. Sehr gewissenhafte Personen neigen eher zu Verhaltensweisen, die den langfristigen Erfolg fördern, wie z. B. Geld sparen, gesunde Routinen einhalten oder starke Arbeitsgewohnheiten entwickeln.

3. **Extraversion**: Dieses Merkmal spiegelt wider, wie Individuen mit der Außenwelt interagieren. Extrovertierte fühlen sich durch soziale Interaktionen energiegeladen, stehen gerne im Mittelpunkt der Aufmerksamkeit und neigen dazu, kontaktfreudig und

durchsetzungsfähig zu sein. Im Gegensatz dazu sind Introvertierte zurückhaltender und empfinden soziale Interaktionen möglicherweise als ermüdend. Oft bevorzugen sie die Einsamkeit oder kleine, intime Zusammenkünfte. Extraversion beeinflusst die Art und Weise, wie Einzelpersonen Beziehungen, gesellschaftliche Zusammenkünfte und berufliche Netzwerke angehen. Während Extrovertierte nach Gruppenaktivitäten suchen und in Führungspositionen Erfolg haben, können Introvertierte in Rollen glänzen, die unabhängiges Denken und Reflektieren ermöglichen.

4. **Verträglichkeit**: Ein hohes Maß an Verträglichkeit ist mit Mitgefühl, Empathie und Kooperation verbunden. Umgängliche Menschen sind oft vertrauensvoll, altruistisch und von dem Wunsch motiviert, anderen zu helfen. Sie neigen dazu, Konflikte zu vermeiden und suchen nach Harmonie in Beziehungen. Diejenigen, die bei der Verträglichkeit

schlecht abschneiden, sind möglicherweise wettbewerbsorientierter, skeptischer oder auf ihre eigenen Bedürfnisse konzentriert. Dieses Merkmal hat erhebliche Auswirkungen auf soziale Beziehungen und Teamarbeit. Äußerst verträgliche Menschen sind oft gute Kooperationspartner, haben aber möglicherweise Schwierigkeiten, sich im Wettbewerbsumfeld zu behaupten, während weniger verträgliche Personen möglicherweise in Rollen glänzen, die Verhandlungen oder Durchsetzungsvermögen erfordern.

5. **Neurotizismus**: Neurotizismus spiegelt emotionale Instabilität und die Tendenz wider, negative Emotionen wie Angst, Wut oder Traurigkeit zu empfinden. Menschen mit hohem Neurotizismus haben möglicherweise Schwierigkeiten, mit Stress umzugehen, und sind anfälliger für Stimmungsschwankungen und emotionale Reaktivität. Menschen mit niedrigem Neurotizismus sind in der

Regel emotional stabiler und besser für den Umgang mit Stress gerüstet. Dieses Merkmal ist eng mit der psychischen Gesundheit verbunden, da ein hoher Neurotizismus die Wahrscheinlichkeit erhöhen kann, an Angststörungen oder Depressionen zu erkranken. Was das Verhalten betrifft, reagieren Personen mit hohem Neurotizismus möglicherweise stärker auf wahrgenommene Bedrohungen oder Herausforderungen, während Personen mit niedrigem Neurotizismus eher dazu neigen, unter Druck ruhig und gefasst zu bleiben.

Jedes dieser Merkmale trägt zum gesamten Persönlichkeitsprofil einer Person bei und ihre Interaktion hilft, das Verhalten in verschiedenen Umgebungen vorherzusagen. Das Big Five-Modell ist besonders nützlich, da es ein breites Spektrum an Verhaltensweisen erfasst und ein differenziertes Verständnis darüber ermöglicht, wie die Persönlichkeit Handlungen beeinflusst.

Wie Introvertierte und Extrovertierte Entscheidungen unterschiedlich angehen

Der Unterschied zwischen Introvertierten und Extrovertierten ist einer der bekanntesten Unterschiede in der Persönlichkeitspsychologie und hat tiefgreifende Auswirkungen darauf, wie Individuen Entscheidungen treffen. Extrovertierte, die Energie aus sozialen Interaktionen und äußeren Reizen gewinnen, handeln oft schnell, getrieben von dem Wunsch nach sofortigem Feedback oder Belohnung. Introvertierte hingegen neigen dazu, nachdenklicher zu sein und sich Zeit zu nehmen, um über ihre Optionen nachzudenken, bevor sie eine Entscheidung treffen.

Extrovertierte neigen dazu, Entscheidungen mit Zuversicht und Begeisterung anzugehen. Sie suchen oft nach Möglichkeiten, die Zusammenarbeit, Teamarbeit und soziales Engagement beinhalten. Bei der Entscheidungsfindung priorisieren Extrovertierte möglicherweise schnelle, umsetzbare Ergebnisse und gehen eher Risiken ein, insbesondere wenn die Entscheidung soziale oder finanzielle Belohnungen beinhaltet. Aufgrund ihrer natürlichen Neigung, mit anderen in Kontakt zu treten, ist es für sie einfacher, Rat oder Anregungen aus einer Vielzahl von Quellen einzuholen, bevor sie eine Entscheidung treffen. Dies kann jedoch manchmal zu impulsiven Entscheidungen führen, insbesondere in Situationen, in denen viel auf dem Spiel steht, in denen Extrovertierte möglicherweise mehr Wert auf Handeln als auf sorgfältiges Nachdenken legen.

IntrovertierteIm Gegensatz dazu neigen sie eher dazu, Entscheidungen methodisch und mit Vorsicht anzugehen. Sie ziehen es vor, Informationen zu sammeln und alle möglichen Ergebnisse abzuwägen, bevor sie handeln, wobei sie sich oft auf ihr eigenes internes Urteilsvermögen verlassen, anstatt eine externe Bestätigung einzuholen. Dieser sorgfältige, bewusste Ansatz führt dazu, dass Introvertierte weniger dazu neigen, impulsive Entscheidungen zu treffen und im Allgemeinen nachdenklicher über langfristige Konsequenzen nachdenken. Diese Tendenz zur Überanalyse kann jedoch manchmal zu Unentschlossenheit oder Zögern führen, insbesondere in schnelllebigen Umgebungen, in denen schnelle Entscheidungen erforderlich sind.

Die Unterschiede in der Art und Weise, wie Introvertierte und Extrovertierte an die Entscheidungsfindung herangehen, können sich insbesondere im beruflichen Umfeld bemerkbar machen. Extrovertierte zeichnen sich oft durch Führungspositionen aus, die schnelles Denken, entschlossenes Handeln und öffentliches Reden erfordern, während Introvertierte in Rollen erfolgreich sein können, die tiefe Konzentration, kritische Analyse oder kreative Problemlösung erfordern. In Gruppenentscheidungsszenarien dominieren möglicherweise Extrovertierte die Diskussionen, während Introvertierte es vorziehen, durch schriftliches Feedback oder nach privater Reflexion einen Beitrag zu leisten.

Trotz dieser Unterschiede können sowohl Introvertierte als auch Extrovertierte gleichermaßen effektive Entscheidungsträger sein. Der nachdenkliche, vorsichtige Ansatz von Introvertierten kann zu wohlüberlegten, strategischen Entscheidungen führen, während die Energie und das Durchsetzungsvermögen von Extrovertierten in Situationen, in denen dies erforderlich ist, zu schnellem und entschlossenem Handeln führen können. Das Verständnis dieser Tendenzen ermöglicht es Einzelpersonen, ihre Stärken und Schwächen in Entscheidungsprozessen besser zu steuern, und kann auch eine effektivere Zusammenarbeit zwischen Introvertierten und Extrovertierten in Teamumgebungen fördern.

Das Unterbewusstsein und seine Rolle im täglichen Handeln

Der menschliche Geist ist ein komplexes System, in dem nur ein kleiner Teil seiner Prozesse auf der bewussten Ebene abläuft. Ein erheblicher Teil unseres Verhaltens, unserer Entscheidungen und Reaktionen wird tatsächlich vom Unterbewusstsein geprägt. Das Unterbewusstsein arbeitet kontinuierlich im Hintergrund und speichert Erinnerungen, Emotionen und erlernte Verhaltensweisen, die unser tägliches Handeln beeinflussen, ohne dass wir uns dessen vollständig bewusst sind. Das Verständnis der Rolle des Unterbewusstseins ist entscheidend, um eine bessere Kontrolle über das eigene Verhalten zu erlangen und die Kraft der Selbstwahrnehmung und des persönlichen Wachstums freizusetzen.

Wie viel unseres Verhaltens wird von unbewussten Einflüssen bestimmt

Ein großer Teil unseres täglichen Verhaltens wird von unbewussten Mustern beeinflusst. Das Unterbewusstsein dient als riesiges Speichersystem für unsere Erinnerungen, Überzeugungen, Gewohnheiten und emotionalen Reaktionen. Im Gegensatz zum Bewusstsein, das sich um aktives Denken und Entscheiden kümmert, arbeitet das Unterbewusstsein automatisch und steuert viele unserer Handlungen auf der Grundlage vergangener Erfahrungen und erlernter Verhaltensweisen. Studien in der Psychologie legen nahe, dass bis zu 95 % unseres Verhaltens von unbewussten Prozessen bestimmt werden, was bedeutet, dass vieles von dem, was wir jeden Tag tun, ohne unser bewusstes Bewusstsein geschieht.

Wenn wir beispielsweise unsere Zähne putzen, eine bekannte Route fahren oder einem Tagesablauf folgen, führen wir diese Aktionen oft aus, ohne aktiv darüber nachzudenken. Diese automatischen Verhaltensweisen sind das Ergebnis unbewussten Lernens und Wiederholens. Im Laufe der Zeit schafft das Gehirn Nervenbahnen, die es ermöglichen, dass diese Handlungen zur Gewohnheit werden und kaum oder gar keine bewusste Anstrengung erfordern. Dies ist eine effiziente Möglichkeit für das Gehirn, Energie zu sparen, da dadurch geistige Ressourcen für komplexere Aufgaben frei werden.

Unterbewusste Einflüsse gehen jedoch über bloße Routinen hinaus. Auch unsere emotionalen Reaktionen, Vorlieben und Vorurteile werden weitgehend vom Unterbewusstsein geprägt. Beispielsweise kann es sein, dass wir bestimmte Menschen oder Situationen sofort mögen oder nicht mögen, ohne vollständig zu verstehen, warum. Diese Reaktionen beruhen oft auf vergangenen Erfahrungen oder tief verwurzelten Überzeugungen, die im Unterbewusstsein gespeichert sind. Ebenso wurzeln unsere Ängste und Befürchtungen oft in unbewussten Erinnerungen oder ungelösten emotionalen Problemen, die noch lange nach dem ursprünglichen Ereignis Reaktionen auslösen können.

Die Auswirkungen vergangener Erfahrungen und Traumata, die im Unterbewusstsein gespeichert sind

Das Unterbewusstsein spielt eine Schlüsselrolle bei der Speicherung vergangener Erfahrungen, einschließlich positiver und negativer Ereignisse. Während angenehme Erinnerungen zu konstruktivem Verhalten und emotionalem Wohlbefinden führen können, können ungelöste Traumata oder negative Erfahrungen nachhaltige

Auswirkungen auf das Verhalten und die psychische Gesundheit einer Person haben. Traumata, insbesondere solche in der Kindheit, können sich tief im Unterbewusstsein festsetzen und das Handeln noch Jahre oder sogar Jahrzehnte später beeinflussen.

Beispielsweise kann jemand, der in seiner Kindheit Vernachlässigung oder emotionalen Missbrauch erlebt hat, unbewusste Überzeugungen darüber entwickeln, dass er würdig oder in der Lage ist, gesunde Beziehungen aufzubauen. Diese Überzeugungen können sich im Erwachsenenalter als selbstsabotierendes Verhalten manifestieren, etwa indem man Intimität vermeidet oder andere wegstößt, ohne dass der Einzelne die zugrunde liegende Ursache vollständig versteht. Ebenso können traumatische Erfahrungen wie Unfälle, Mobbing oder Verluste unbewusste Abwehrmechanismen auslösen, die zu Angstzuständen, Hypervigilanz oder der Vermeidung bestimmter Situationen führen.

Das Unterbewusstsein beeinflusst auch, wie wir neue Erfahrungen interpretieren. Wenn jemand wiederholt Misserfolge erlebt hat, entwickelt sein Unterbewusstsein möglicherweise ein Muster, das darauf hindeutet, dass bei zukünftigen Unternehmungen ein Scheitern erwartet wird. Dies kann zu einer sich selbst erfüllenden Prophezeiung führen, bei der die Angst vor dem Scheitern zu Zögern, mangelnder Anstrengung oder zu frühem Aufgeben führt und den Glauben bestärkt, dass der Erfolg unerreichbar ist. Ebenso können Personen, die in früheren Beziehungen Verrat oder Verletzungen erlebt haben, unbewusst erwarten, dass in zukünftigen Beziehungen das gleiche Ergebnis eintritt, was zu Vertrauensproblemen oder der Vermeidung emotionaler Verletzlichkeit führt.

Da das Unterbewusstsein nicht zwischen Vergangenheit und Gegenwart unterscheidet, prägen diese gespeicherten Emotionen und Überzeugungen unser Verhalten noch lange nach dem Eintreten der ursprünglichen Ereignisse. Der Geist verlässt sich bei der Interpretation aktueller Situationen oft auf vergangene Erfahrungen, weshalb ungelöste Traumata so tiefgreifende Auswirkungen auf das tägliche Handeln haben können.

Techniken, um unbewusstes Verhalten bewusster zu erkennen und zu kontrollieren

Während ein Großteil des Unterbewusstseins automatisch funktioniert, ist es möglich, unbewusstere Verhaltensweisen besser wahrzunehmen und die Kontrolle darüber zu erlangen. Indem unbewusste Muster an die Oberfläche gebracht und bewusst angegangen werden, können sich Menschen von negativen Verhaltensweisen befreien und gesündere, konstruktivere Gewohnheiten fördern. Es gibt verschiedene Techniken, die bei diesem Prozess helfen können:

1. **Achtsamkeit und Selbstreflexion**: Achtsamkeit bedeutet, Gedanken, Gefühlen und Handlungen im gegenwärtigen Moment aufmerksam

zuzuhören, ohne zu urteilen. Durch das Üben von Achtsamkeit kann sich der Einzelne seiner automatischen Reaktionen und unbewussten Muster bewusster werden. Regelmäßige Selbstreflexion, sei es durch Tagebuchführung oder Meditation, ermöglicht es dem Einzelnen, die Motivationen hinter seinen Handlungen zu erforschen und alle wiederkehrenden Gedanken oder Verhaltensweisen zu identifizieren, die möglicherweise im Unterbewusstsein verwurzelt sind. Dieses erhöhte Bewusstsein ist der erste Schritt zur Änderung unbewusster Verhaltensweisen.

2. **Kognitive Verhaltenstherapie (CBT):** CBT ist ein therapeutischer Ansatz, der Einzelpersonen dabei hilft, negative Gedankenmuster, die das Verhalten beeinflussen, zu erkennen und zu ändern. Viele dieser Denkmuster haben ihre Wurzeln im Unterbewusstsein, etwa Überzeugungen über Selbstwertgefühl oder Versagensängste. Durch CBT können

Einzelpersonen diese automatischen Gedanken in Frage stellen und sie durch realistischere, konstruktivere Überzeugungen ersetzen. Dieser Prozess trägt dazu bei, das Gehirn neu zu vernetzen, neue Nervenbahnen zu schaffen und sich von schädlichen unbewussten Mustern zu befreien.

3. **Hypnotherapie**: Hypnotherapie ist eine Technik, bei der Menschen in einen entspannten, tranceähnlichen Zustand geführt werden, in dem sie leichter auf ihr Unterbewusstsein zugreifen können. In diesem Zustand ist das Unterbewusstsein empfänglicher für positive Vorschläge und ermöglicht es dem Einzelnen, tiefsitzende Probleme wie Traumata, Phobien oder selbstzerstörerisches Verhalten anzugehen. Hypnotherapie kann besonders nützlich für Personen sein, die Schwierigkeiten haben, allein durch bewusstes Denken Zugang zu ihren unterbewussten Überzeugungen zu erhalten.

4. **Visualisierung und Affirmationen**:
   Visualisierung ist ein mächtiges Werkzeug
   zur Beeinflussung des Unterbewusstseins.
   Durch mentales Einstudieren positiver
   Ergebnisse oder gewünschter
   Verhaltensweisen können Einzelpersonen
   ihr Unterbewusstsein so programmieren,
   dass es Erfolg, Selbstvertrauen oder
   andere konstruktive Emotionen erwartet.
   Affirmationen, das sind positive
   Aussagen, die regelmäßig wiederholt
   werden, können auch dabei helfen, im
   Unterbewusstsein gespeicherte negative
   Glaubenssätze umzuprogrammieren.
   Beispielsweise können wiederholte
   Affirmationen wie „Ich bin der Liebe
   würdig" oder „Ich bin in der Lage, meine
   Ziele zu erreichen" nach und nach
   unbewusste Überzeugungen umgestalten
   und das Verhalten in eine positive
   Richtung beeinflussen.

5. **Aufarbeitung vergangener Traumata**:
   Die Auseinandersetzung mit vergangenen
   Traumata ist wichtig, um sich von ihrem

Einfluss auf das Unterbewusstsein zu befreien. Techniken wie die Eye Movement Desensitization and Reprocessing (EMDR)-Therapie können Menschen dabei helfen, traumatische Erinnerungen zu verarbeiten und ihre emotionalen Auswirkungen zu reduzieren. Durch die Wiederaufbereitung dieser Erinnerungen in einer sicheren, therapeutischen Umgebung können Einzelpersonen den emotionalen Einfluss, den vergangene Traumata auf ihr Unterbewusstsein haben, lösen und die Kontrolle über ihr Verhalten wiedererlangen.

6. **Gewohnheiten ändern**: Da viele unserer täglichen Handlungen von unbewussten Gewohnheiten bestimmt werden, kann die Änderung dieser Gewohnheiten tiefgreifende Auswirkungen auf das Verhalten haben. Um sich von negativen Gewohnheiten zu befreien, muss der Einzelne die Auslöser, die zu diesen Verhaltensweisen führen, bewusst

identifizieren und sie durch positive Alternativen ersetzen. Beispielsweise kann jemand, der bei Stress unbewusst zu ungesunden Snacks greift, die Angewohnheit entwickeln, stattdessen einen Spaziergang zu machen oder tiefes Atmen zu üben. Mit der Zeit verfestigt sich die neue Gewohnheit im Unterbewusstsein und ersetzt das alte Muster.

Bewältigungsmec hanismen und ihre Auswirkungen auf das Verhalten

Bewältigungsmechanismen sind die Methoden, mit denen Menschen mit Stress, Ängsten, Traumata oder schwierigen Emotionen umgehen. Diese Strategien spielen eine wichtige Rolle dabei, wie Menschen auf die Herausforderungen des Lebens reagieren, und wirken sich sowohl auf kurzfristige Handlungen als auch auf langfristige Verhaltensmuster aus. Für eine konstruktive Stressbewältigung ist es wichtig, den Unterschied zwischen gesunden und ungesunden Bewältigungsmechanismen zu verstehen und den Einfluss emotionaler Regulierung und Selbstwahrnehmung zu erkennen.

Gesunde vs. ungesunde Bewältigungsstrategien verstehen

Bewältigungsstrategien lassen sich grob in zwei Kategorien einteilen: gesund (adaptiv) und ungesund (maladaptiv). Die Wirksamkeit eines Bewältigungsmechanismus hängt davon ab, wie gut er dem Einzelnen hilft, Stress abzubauen oder mit Emotionen umzugehen, ohne sich selbst oder anderen zusätzlichen Schaden zuzufügen.

Gesunde Bewältigungsstrategien fördern das emotionale Wohlbefinden und die langfristige Belastbarkeit. Diese Methoden helfen Einzelpersonen, Emotionen konstruktiv zu verarbeiten, Probleme zu lösen und die geistige und körperliche Gesundheit zu erhalten. Beispiele für gesunde Bewältigungsstrategien sind:

- **Übung**: Körperliche Aktivität ist ein bekanntes Mittel zum Stressabbau, das hilft, Angstzustände zu reduzieren, die Stimmung zu verbessern und die allgemeine Gesundheit zu fördern. Sport setzt Endorphine frei, Chemikalien im Gehirn, die auf natürliche Weise die Stimmung heben und Stress bekämpfen.

- **Mit einem Freund oder Therapeuten sprechen**: Der Austausch von Emotionen und Erfahrungen mit einer vertrauenswürdigen Person kann emotionale Erleichterung und wertvolle Perspektiven bieten. Darüber hinaus erhalten Einzelpersonen Unterstützung und Ratschläge, die ihnen helfen können, besser mit der Situation umzugehen.

- **Achtsamkeit und Meditation**: Diese Praktiken ermutigen den Einzelnen, sich auf den gegenwärtigen Moment zu konzentrieren, und tragen so dazu bei, Ängste und Stress abzubauen. Achtsamkeit ermöglicht es Menschen, ihre Emotionen ohne Wertung zu beobachten und fördert so eine bessere emotionale Regulierung.

- **Kreative Outlets**: Die Beschäftigung mit Aktivitäten wie Malen, Schreiben oder Musizieren kann dem Einzelnen helfen, seine Gefühle auf gesunde Weise auszudrücken, was zu emotionaler Entspannung führt und gleichzeitig das Gefühl von Erfolg und Freude fördert.

Ungesunde Bewältigungsstrategien hingegen können vorübergehende Linderung verschaffen, tragen aber langfristig gesehen zu größeren Problemen bei. Diese maladaptiven Methoden vermeiden oder unterdrücken oft Emotionen, anstatt direkt auf sie einzugehen. Beispiele für ungesunde Bewältigungsstrategien sind:

- **Drogenmissbrauch**: Viele Menschen greifen zu Alkohol oder Drogen, um Stress oder emotionalen Schmerzen zu entkommen. Während diese Substanzen vorübergehend Linderung verschaffen können, können sie zu Abhängigkeit, gesundheitlichen Problemen und einer

Verschlechterung des emotionalen
Zustands führen.

- **Emotionales Essen**: Manche Menschen
  bewältigen Stress, indem sie sich
  übermäßig ernähren, insbesondere
  ungesunde Lebensmittel, um sich zu
  trösten. Während dies kurzfristig zu
  Zufriedenheit führen kann, kann es zu
  gesundheitlichen Problemen wie
  Fettleibigkeit, Diabetes und weiteren
  emotionalen Belastungen führen.

- **Aufschieben oder Vermeiden**: Das
  Vermeiden von Verantwortlichkeiten oder
  schwierigen Situationen kann Ängste
  vorübergehend reduzieren, führt aber
  langfristig oft zu erhöhtem Stress, da sich
  Aufgaben häufen oder Probleme nicht
  angegangen werden.

- **Aggression oder Auspeitschen**: Manche
  Menschen bewältigen Stress, indem sie
  gegenüber anderen wütend oder aggressiv
  werden. Dieses Verhalten schadet
  Beziehungen und löst nicht das zugrunde

liegende emotionale Problem, was später oft zu Schuld- oder Schamgefühlen führt.

Das Erkennen des Unterschieds zwischen gesunden und ungesunden Bewältigungsmechanismen ist entscheidend für die Förderung einer positiven psychischen Gesundheit. Personen, die auf ungesunde Strategien setzen, können in negativen Verhaltenszyklen stecken bleiben, während Personen, die adaptive Bewältigungsfähigkeiten entwickeln, besser in der Lage sind, Stress und Herausforderungen konstruktiv zu bewältigen.

Wie Stress, Angst und Trauma den Bewältigungsstil beeinflussen

Stress, Angst und Trauma sind Schlüsselfaktoren, die die Wahl der Bewältigungsstrategien einer Person beeinflussen. Diese emotionalen Zustände können normale kognitive Prozesse stören und es schwieriger machen, Emotionen zu regulieren und rational auf Herausforderungen zu reagieren. Die Bewältigungsmechanismen, die

Menschen als Reaktion auf Stress anwenden, hängen oft von der Intensität des Stressors, ihrer Persönlichkeit, früheren Erfahrungen und ihrer emotionalen Belastbarkeit ab.

Stress und seine Rolle bei der Gestaltung des Bewältigungsverhaltens

Stress ist ein natürlicher Teil des Lebens und die Art und Weise, wie Menschen auf Stress reagieren, kann sehr unterschiedlich sein. Während einige Menschen in der Lage sind, Stress durch Problemlösung und gesunde Möglichkeiten wie Bewegung effektiv zu bewältigen, fühlen sich andere möglicherweise überfordert und greifen auf Vermeidungs- oder schädliche Verhaltensweisen zurück. Insbesondere chronischer Stress kann sowohl die körperliche als auch die geistige Gesundheit erheblich beeinträchtigen. Wird Stress nicht richtig bewältigt, kann es zu Burnout, Depressionen oder Angststörungen kommen.

Stress löst die „Kampf-oder-Flucht"-Reaktion des Körpers aus und aktiviert die Ausschüttung von Stresshormonen wie Cortisol. Dies kann zu gesteigerten Emotionen, Konzentrationsschwierigkeiten und Reizbarkeit führen. In diesem Zustand werden Personen möglicherweise impulsiver und neigen weniger dazu, gesunde Bewältigungsstrategien anzuwenden. Wenn der Stress im Laufe der Zeit nicht mehr beherrschbar wird, können einzelne Menschen unangepasste Verhaltensweisen wie Drogenmissbrauch, Aggression oder sozialen Rückzug entwickeln, um damit umzugehen.

Angst und die Entwicklung von Bewältigungsmechanismen

Angst steht in engem Zusammenhang mit Stress, geht jedoch typischerweise mit länger anhaltender Sorge oder Furcht vor zukünftigen Ereignissen einher. Menschen mit Angstzuständen können Bewältigungsstrategien entwickeln, die auf Kontrolle oder Vermeidung basieren. Beispielsweise kann jemand mit sozialer Angst damit umgehen, indem er soziale Situationen ganz vermeidet, während jemand mit allgemeiner Angst exzessiv plant oder überdenkt, um schlechte Ergebnisse zu verhindern.

Angst führt oft dazu, dass man sich zu sehr auf Vermeidung als Bewältigungsmechanismus verlässt. Vermeidung kann die Angst vorübergehend reduzieren, indem sie den unmittelbaren Stressfaktor beseitigt, aber letztendlich verstärkt sie die Angst, indem sie den Einzelnen daran hindert, sich seinen Ängsten zu stellen und sie zu überwinden. Mit der Zeit kann dies zu schwerwiegenderen Störungen im Leben führen, wie z. B. der Vermeidung von Arbeit, sozialen Interaktionen oder sogar der Vermeidung alltäglicher Pflichten.

Der nachhaltige Einfluss von Traumata auf Bewältigungsstile

Traumatische Erfahrungen, insbesondere solche, die in der Kindheit auftreten, können tiefgreifende und nachhaltige Auswirkungen auf die Bewältigungsmechanismen eines Menschen haben. Traumata stören die normale Entwicklung emotionaler Regulierungsfähigkeiten und können dazu führen, dass Einzelpersonen Bewältigungsstrategien anwenden, die eher auf das Überleben als auf langfristige emotionale Gesundheit ausgerichtet sind.

Beispielsweise können Personen, die ein Trauma erlebt haben, eine Hypervigilanz entwickeln, ständig nach potenziellen Bedrohungen Ausschau halten und sich nervös fühlen. Dieser erhöhte Wachheitszustand kann es schwierig machen, sich zu entspannen, was zu Bewältigungsmechanismen wie Drogenmissbrauch oder sozialer Isolation als Versuch führt, diese Gefühle zu betäuben oder ihnen zu entkommen.

Überlebende von Traumata haben möglicherweise auch Probleme mit der emotionalen Regulierung, was zu Schwierigkeiten bei der Bewältigung intensiver Emotionen wie Wut, Angst oder Traurigkeit führt. Ohne gesunde Bewältigungsmechanismen greifen sie möglicherweise auf ungesunde Verhaltensweisen wie Selbstverletzung oder Aggression zurück, um aufgestaute Emotionen loszulassen. Therapeutische Interventionen wie eine traumafokussierte Therapie sind oft notwendig, um Einzelpersonen dabei zu helfen, gesündere Bewältigungsmechanismen zu entwickeln und ihr Trauma auf konstruktive Weise zu verarbeiten.

Die Bedeutung emotionaler Regulierung und Selbstbewusstsein

Unter emotionaler Regulierung versteht man die Fähigkeit, auf gesunde und konstruktive Weise mit Emotionen umzugehen und darauf zu reagieren. Es ist eine entscheidende Komponente für eine effektive Bewältigung und das allgemeine emotionale Wohlbefinden. Personen mit starken Fähigkeiten zur emotionalen Regulierung sind besser in der Lage, Stress und negative Emotionen zu verarbeiten, ohne auf schädliche Bewältigungsmechanismen zurückzugreifen. Andererseits kann eine schlechte emotionale Regulierung zu impulsivem Verhalten und Schwierigkeiten bei der Stressbewältigung führen.

Selbstbewusstsein ist eng mit der emotionalen Regulierung verbunden. Dabei geht es darum, den eigenen emotionalen Zustand zu erkennen und zu verstehen, wie Emotionen Gedanken, Verhaltensweisen und Entscheidungen beeinflussen. Wenn Menschen sich ihrer selbst bewusst sind, können sie erkennen, wann sie sich überfordert oder gestresst fühlen, und Maßnahmen ergreifen, um mit diesen Emotionen umzugehen, bevor sie zu negativen Verhaltensweisen führen.

Jemand, der sich seiner selbst bewusst ist, kann beispielsweise bemerken, dass er bei Stress dazu neigt, zu Junkfood zu greifen. Wenn sie dieses Muster erkennen, können sie sich bewusst darum bemühen, dieses Verhalten durch eine gesündere Alternative zu ersetzen, wie etwa einen Spaziergang oder Atemübungen.
Selbsterkenntnis hilft dem Einzelnen auch, die Auslöser zu erkennen, die zu ungesundem

Bewältigungsverhalten führen, und ermöglicht es ihm, diese Auslöser zu vermeiden oder proaktiv anzugehen.

Techniken zur Verbesserung der emotionalen Regulierung und Bewältigung

Die Entwicklung starker emotionaler Regulierungsfähigkeiten und gesunder Bewältigungsmechanismen erfordert Übung und Selbstreflexion. Einige Techniken, die Einzelpersonen dabei helfen können, ihre Fähigkeit zu verbessern, mit Stress umzugehen und mit Emotionen umzugehen, sind:

1. **Achtsamkeitsmeditation**: Achtsamkeit hilft dem Einzelnen, sich besser auf seine Gefühle und Gedanken einzustellen, ohne von ihnen überwältigt zu werden. Durch das Üben von Achtsamkeit können Menschen eine bessere emotionale Regulierung entwickeln und impulsive Reaktionen auf Stress reduzieren.

2. **Kognitive Umstrukturierung**: Bei dieser Technik geht es darum, negative Gedankenmuster zu identifizieren und zu hinterfragen, die zu Stress und emotionalem Stress beitragen. Durch das Ersetzen dieser Gedanken durch ausgewogenere und realistischere Perspektiven können Einzelpersonen die Intensität negativer Emotionen reduzieren und gesündere Bewältigungsmechanismen entwickeln.

3. **Körperliche Aktivität**: Regelmäßige Bewegung ist ein wirksames Mittel, um Stress abzubauen, die Stimmung zu verbessern und die emotionale Regulierung zu verbessern. Körperliche Aktivität setzt Endorphine frei, die natürliche Stimmungsaufheller sind, und bietet eine gesunde Möglichkeit, mit negativen Emotionen umzugehen.

4. **Aufbau eines Unterstützungssystems**: Ein Netzwerk aus unterstützenden Freunden, Familienmitgliedern oder einem Therapeuten kann Einzelpersonen

in stressigen Zeiten emotionale Unterstützung und Führung bieten. Ein starkes Unterstützungssystem hilft Einzelpersonen, ihre Widerstandsfähigkeit zu entwickeln und Herausforderungen effektiver zu bewältigen.

5. **Techniken zur Stressbewältigung**: Wenn Sie lernen, mit Stress durch Techniken wie tiefes Atmen, progressive Muskelentspannung oder Zeitmanagement umzugehen, können Sie verhindern, dass Stress eskaliert und zu ungesundem Bewältigungsverhalten führt.

Die Rolle von Gewohnheiten bei der Gestaltung des täglichen Verhaltens

Gewohnheiten spielen in unserem täglichen Leben eine wesentliche Rolle. Dabei handelt es sich um Verhaltensweisen, die wir automatisch ausführen, oft ohne bewusstes Nachdenken, und sie haben erheblichen Einfluss auf unsere Handlungen, Entscheidungen und Routinen. Zu verstehen, wie Gewohnheiten entstehen, warum sie bestehen bleiben und wie sie geändert werden können, ist für persönliches Wachstum und Selbstverbesserung von entscheidender Bedeutung. In diesem Kapitel werden die Psychologie von Gewohnheiten, der Prozess des Aufgebens unerwünschter Gewohnheiten und die Strategien untersucht, die zur Entwicklung neuer, gesünderer Verhaltensmuster erforderlich sind.

Wie Gewohnheiten Verhalten formen und beeinflussen

Gewohnheiten sind Verhaltensweisen, die sich so oft wiederholen, dass sie sich in unserem Alltag festsetzen. Sie entwickeln sich durch einen Prozess, der als Gewohnheitsbildung bekannt ist und drei Schlüsselkomponenten umfasst: den Hinweis, die Routine und die Belohnung.

- **Stichwort**: Der Hinweis ist der Auslöser, der die Gewohnheit initiiert. Es könnte ein äußeres Ereignis sein, etwa die Tageszeit oder ein bestimmter Ort, oder es könnte ein inneres Gefühl sein, etwa Stress oder Hunger. Hinweise signalisieren dem Gehirn, dass es Zeit ist, mit der gewohnten Handlung zu beginnen.

- **Routine**: Die Routine ist das Verhalten selbst, die Aktion, die als Reaktion auf den Hinweis ausgeführt wird. Dies kann so etwas Einfaches sein wie das Zähneputzen beim Aufwachen oder das Überprüfen Ihres Telefons jedes Mal, wenn Sie eine Benachrichtigung erhalten.

- **Belohnen**: Die Belohnung ist das positive Ergebnis, das das Verhalten verstärkt. Es ist die Zufriedenheit oder Erleichterung, die Sie nach Abschluss der Routine empfinden. Zum Beispiel das saubere Gefühl nach dem Zähneputzen oder das Gefühl der Verbundenheit nach dem Antworten auf eine Nachricht. Belohnungen erzeugen ein Gefühl der Freude oder Erfüllung, was die Gewohnheit mit der Zeit verstärkt.

Sobald dieser Kreislauf – Stichwort, Routine und Belohnung – etabliert ist, beginnt das Verhalten automatisch abzulaufen. Das Gehirn lernt, den Hinweis mit der Routine und der Belohnung zu verknüpfen, wodurch das Verhalten wahrscheinlicher wird, wenn der Hinweis das nächste Mal erscheint. Infolgedessen können sich Gewohnheiten tief verwurzeln und einen Großteil unseres täglichen Verhaltens beeinflussen, ohne dass wir es überhaupt merken.

Während einige Gewohnheiten von Vorteil sind, wie z. B. regelmäßige Bewegung oder gesunde Ernährung, können andere schädlich für unsere Gesundheit oder Produktivität sein. Da Gewohnheiten größtenteils auf Autopilot funktionieren, kann es schwierig sein, sie zu ändern, insbesondere wenn die Belohnung unmittelbar einsetzt, selbst wenn die langfristigen Folgen negativ sind (z. B. Rauchen oder übermäßiges Essen).

Die Wissenschaft, die dahinter steckt, schlechte Gewohnheiten abzulegen und gute Gewohnheiten zu entwickeln

Schlechte Gewohnheiten abzulegen erfordert mehr als nur Willenskraft. Dazu gehört es, zu verstehen, wie die Gewohnheit funktioniert, und Wege zu finden, die automatische Schleife aus Hinweis, Routine und Belohnung zu unterbrechen. Ebenso beinhaltet die Bildung guter Gewohnheiten die Schaffung neuer Schleifen, die positive Verhaltensweisen verstärken. Die Wissenschaft der Gewohnheitsbildung und -änderung bietet wertvolle Erkenntnisse darüber, wie dieser Prozess effektiv gesteuert werden kann.

Die Herausforderung, schlechte Gewohnheiten abzulegen

Schlechte Gewohnheiten lassen sich oft nur schwer ablegen, da sie in den Nervenbahnen des Gehirns verankert sind. Jedes Mal, wenn eine

Gewohnheit ausgeführt wird, werden die Verbindungen zwischen Neuronen im Gehirn gestärkt, wodurch das Verhalten automatischer wird und schwerer zu stören ist. Um eine Gewohnheit zu brechen, reicht es nicht aus, einfach mit dem Verhalten aufzuhören. Der zugrunde liegende Reiz und die Belohnung müssen angegangen werden.

Eine wirksame Methode, schlechte Gewohnheiten abzulegen, besteht darin, sie zu erkennen **Stichwort** das das Verhalten auslöst. Indem Sie sich der Situationen, Emotionen oder Umweltfaktoren, die zu dieser Gewohnheit führen, bewusster werden, können Sie einen Plan zur Vermeidung oder Bewältigung dieser Hinweise erstellen. Wenn beispielsweise Stress zu übermäßigem Essen führt, kann die Suche nach alternativen Möglichkeiten zur Stressbewältigung, wie z. B. körperliche Betätigung oder das Üben von Entspannungstechniken, dazu beitragen, die Wahrscheinlichkeit zu verringern, dass man sich aus Bequemlichkeitsgründen dem Essen zuwendet.

Ein weiterer wichtiger Schritt, um schlechte Gewohnheiten abzulegen, besteht darin, sie zu ersetzen **Routine**. Anstatt zu versuchen, die Gewohnheit vollständig zu beseitigen, ist es oft effektiver, sie durch ein gesünderes Verhalten zu ersetzen. Wer beispielsweise mit dem Rauchen aufhören möchte, kann das Rauchen durch Kaugummikauen oder einen kurzen Spaziergang ersetzen. Die neue Routine sollte dennoch eine Form der Belohnung bieten, um die Motivation aufrechtzuerhalten und das neue Verhalten zu verstärken.

Schließlich ist es wichtig, sich darauf zu konzentrieren **belohnen**. Das Gehirn ist darauf programmiert, nach Belohnungen zu suchen, und das Aufgeben einer Gewohnheit wird viel einfacher, wenn das neue Verhalten auch in irgendeiner Weise zufriedenstellend ist. Wenn eine Person beispielsweise versucht, mit dem Verzehr von Junk Food aufzuhören, kann sie sich auf die langfristige Belohnung konzentrieren, sich gesünder zu fühlen und mehr Energie zu haben, anstatt auf den kurzfristigen Genuss zuckerhaltiger Snacks.

Gute Gewohnheiten entwickeln

So wie das Aufgeben einer Gewohnheit das Unterbrechen der Signal-, Routine- und Belohnungsschleife erfordert, erfordert die Bildung neuer, positiver Gewohnheiten den Aufbau einer neuen Schleife, die das gewünschte Verhalten unterstützt. Der Prozess der Gewohnheitsbildung beruht auf Beständigkeit und Wiederholung. Je öfter ein Verhalten als Reaktion auf einen Hinweis wiederholt wird, desto automatischer wird es mit der Zeit.

Eine der effektivsten Strategien zur Entwicklung guter Gewohnheiten ist **klein anfangen**. Anstatt zu versuchen, drastische Änderungen auf einmal umzusetzen, ist es oft erfolgreicher, mit kleinen, überschaubaren Verhaltensweisen zu beginnen. Beispielsweise könnte jemand, der es sich zur Gewohnheit machen möchte, regelmäßig Sport zu treiben, mit nur 10 Minuten Aktivität pro Tag beginnen und die Dauer schrittweise erhöhen, wenn die Gewohnheit tiefer verwurzelt ist. Wenn Sie klein anfangen, wird das neue Verhalten weniger überwältigend und die Erfolgswahrscheinlichkeit steigt.

Eine weitere hilfreiche Strategie ist **eine neue Gewohnheit mit einer bestehenden kombinieren**, eine Technik, die als „Habit Stacking" bekannt ist. Wenn jemand beispielsweise bereits eine gut etablierte Morgenroutine hat, wie zum Beispiel das Kaffeekochen, kann er direkt nach dem Kaffeekochen eine neue Gewohnheit hinzufügen – zum Beispiel ein Glas Wasser trinken oder sich dehnen. Die etablierte Gewohnheit fungiert als Anhaltspunkt für das neue Verhalten und erleichtert das Erinnern und Wiederholen.

Strategien zur Verhaltensänderung und zum persönlichen Wachstum

Eine Verhaltensänderung, sei es das Aufgeben einer schlechten Angewohnheit oder die Entwicklung einer neuen, erfordert eine

Kombination aus Bewusstsein, Planung und Konsequenz. Hier sind einige Schlüsselstrategien, um Gewohnheiten erfolgreich zu ändern und persönliches Wachstum zu fördern:

1. **Selbsterkenntnis und Reflexion**: Der erste Schritt bei jeder Verhaltensänderung besteht darin, sich der aktuellen Gewohnheiten und der Faktoren bewusst zu werden, die dazu beitragen. Wenn Sie darüber nachdenken, warum bestimmte Gewohnheiten existieren, wann sie auftreten und welche Gefühle sie bei Ihnen hervorrufen, können Sie wertvolle Erkenntnisse darüber gewinnen, welche Änderungen vorgenommen werden müssen. Das Führen eines Gewohnheitstagebuchs oder die Verwendung einer App zur Gewohnheitsverfolgung kann dabei helfen, das Selbstbewusstsein zu stärken und Verhaltensmuster zu erkennen.

2. **Klare Ziele setzen**: Um neue Gewohnheiten zu entwickeln oder alte zu brechen, ist es wichtig, ein bestimmtes Ziel zu haben. Vage Ziele wie „Ich möchte gesünder sein" sind schwerer zu erreichen als konkrete Ziele wie „Ich möchte dreimal pro Woche 30 Minuten trainieren." Klare, messbare Ziele bieten eine Zielvorgabe, auf die man hinarbeiten kann, und helfen dabei, den Fortschritt zu verfolgen.

3. **Eine Umgebung für den Erfolg schaffen**: Die Umwelt spielt eine wichtige Rolle bei der Gestaltung von Gewohnheiten. Indem Sie Ihre Umgebung so verändern, dass sie neue Gewohnheiten unterstützt und den Einfluss alter Gewohnheiten verringert, können Sie Ihre Erfolgschancen erhöhen. Wenn Sie beispielsweise versuchen, sich gesünder zu ernähren, kann es hilfreich sein, nahrhafte Snacks leicht zugänglich aufzubewahren und Junk Food aus Ihrem

Zuhause zu entfernen, um Ihre neue Gewohnheit zu festigen.

4. **Verantwortung und Unterstützung**: Jemanden zu haben, der Sie zur Rechenschaft zieht, sei es ein Freund, ein Familienmitglied oder ein Trainer, kann ein starker Motivator für eine Verhaltensänderung sein. Das Teilen Ihrer Ziele mit jemand anderem schafft ein Verantwortungsbewusstsein und fördert die Umsetzung. Unterstützende Umgebungen fördern auch das persönliche Wachstum, indem sie auf dem Weg Ermutigung und Feedback bieten.

5. **Fortschritt belohnen**: Das Feiern kleiner Erfolge ist wichtig, um die Motivation während des Gewohnheitsänderungsprozesses aufrechtzuerhalten. Das Erkennen von Fortschritten, egal wie klein, ist eine positive Verstärkung, die dabei hilft, neue Gewohnheiten zu festigen. Ganz gleich, ob Sie sich etwas Schönes gönnen oder einfach Ihre Leistungen anerkennen –

Belohnungen tragen dazu bei, den Prozess der Gewohnheitsbildung angenehmer zu gestalten.

6. **Beständigkeit und Geduld**: Der Aufbau neuer Gewohnheiten braucht Zeit und erfordert konsequente Anstrengung. Je öfter sich ein Verhalten wiederholt, desto automatischer wird es. Dies geschieht jedoch nicht über Nacht. Untersuchungen legen nahe, dass es je nach Komplexität des Verhaltens und individuellen Unterschieden zwischen einigen Wochen und mehreren Monaten dauern kann, bis sich eine neue Gewohnheit etabliert hat. Geduld ist der Schlüssel zur Aufrechterhaltung einer langfristigen Verhaltensänderung.

Der Einfluss von Motivation und Zielen auf das Verhalten

Motivation ist eine zentrale Triebkraft für menschliches Verhalten und beeinflusst, wie Menschen handeln, welche Prioritäten sie setzen und wie sie Entscheidungen treffen. Es prägt die Art und Weise, wie der Einzelne an Aufgaben und Herausforderungen herangeht, und ist ein zentraler Faktor bei der Zielsetzung und -erreichung.

Der Unterschied zwischen intrinsischer und extrinsischer Motivation

Motivation kann in zwei Haupttypen eingeteilt werden: intrinsische und extrinsische. Das Verständnis der Unterschiede zwischen diesen Motivationsformen kann Aufschluss darüber geben, warum sich Menschen so verhalten, wie sie es tun, und wie sie ihre Motivation besser nutzen können, um ihre Ziele zu erreichen.

Intrinsische Motivation

Unter intrinsischer Motivation versteht man den inneren Drang, sich an einer Aktivität um ihrer selbst willen zu beteiligen, und nicht für eine externe Belohnung oder Anerkennung. Menschen, die intrinsisch motiviert sind, empfinden Freude oder persönliche Befriedigung in der Aufgabe selbst. Diese Art der Motivation führt oft zu einem tieferen Gefühl von Engagement und Erfüllung, da der

Einzelne von einem echten Interesse oder einer echten Leidenschaft angetrieben wird.

Beispielsweise könnte eine Person, die Freude am Malen hat, dies einfach deshalb tun, weil sie es entspannend oder kreativ anregend findet, unabhängig davon, ob jemand anderes ihre Arbeit sieht. Ebenso könnte jemand, der gerne lernt, eine Ausbildung nicht wegen Noten oder Auszeichnungen anstreben, sondern weil er den Erwerb von Wissen persönlich als lohnend empfindet.

Studien haben gezeigt, dass intrinsische Motivation oft nachhaltiger ist und im Laufe der Zeit zu höherer Zufriedenheit und Leistung führt. Wenn Menschen intrinsisch motiviert sind, bleiben sie tendenziell länger bei Aufgaben, sind stolzer auf ihre Arbeit und fühlen sich wohler.

Extrinsische Motivation

Extrinsische Motivation hingegen wird durch externe Faktoren wie Belohnungen, Anerkennung oder die Vermeidung negativer

Konsequenzen angetrieben. Wenn jemand extrinsisch motiviert ist, wird sein Verhalten durch den Wunsch beeinflusst, etwas außerhalb der Aktivität selbst zu erreichen – sei es Geld, Lob oder Anerkennung.

Ein Beispiel für extrinsische Motivation wäre ein Mitarbeiter, der hart an einem Projekt arbeitet, in erster Linie, um einen Bonus zu erhalten, oder ein Student, der studiert, um gute Noten zu verdienen, und nicht aus Freude am Lernen. Auch wenn extrinsische Belohnungen starke Motivatoren sein können, führen sie möglicherweise nicht immer zu dauerhafter Zufriedenheit. Sobald die äußere Belohnung wegfällt, schwindet oft die Motivation, das Verhalten fortzusetzen.

Allerdings ist extrinsische Motivation nicht grundsätzlich negativ. In vielen Fällen kann es sehr effektiv sein, insbesondere in Kombination mit intrinsischer Motivation. Beispielsweise könnte ein Sportler hart trainieren, weil er seinen Sport liebt (intrinsische Motivation) und weil er einen Wettkampf gewinnen möchte (extrinsische

Motivation). Der Schlüssel liegt darin, das richtige Gleichgewicht zwischen intrinsischen und extrinsischen Motivatoren zu finden, da beide eine wichtige Rolle bei der Steuerung des Verhaltens spielen können.

Wie das Setzen von Zielen das tägliche Handeln beeinflusst

Das Setzen von Zielen ist ein wirksames Instrument, das das Verhalten lenkt und den Menschen ein klares Gefühl für das Ziel gibt. Ziele bieten einen Handlungsrahmen und helfen dem Einzelnen, seine Bemühungen zu priorisieren und sich auf das Wesentliche zu konzentrieren. Unabhängig davon, ob es sich um kurzfristige Ziele handelt, wie zum Beispiel den Abschluss eines Projekts bis zum Ende der Woche, oder um langfristige Ziele, wie zum Beispiel die Verfolgung einer beruflichen Laufbahn, sie leiten alltägliche Entscheidungen und Verhaltensweisen.

Die Kraft spezifischer Ziele

Einer der wichtigsten Faktoren für eine effektive Zielsetzung ist die Spezifität. Untersuchungen haben gezeigt, dass Menschen ihre Ziele eher erreichen, wenn sie klar und klar definiert sind. Vage Ziele wie „Ich möchte gesünder sein" sind schwerer zu erreichen, weil ihnen die Richtung fehlt. Konkrete Ziele, wie zum Beispiel „Ich möchte fünfmal die Woche 30 Minuten trainieren", geben dagegen ein klares Ziel vor, auf das man hinarbeiten kann.

Wenn sich Einzelpersonen konkrete Ziele setzen, können sie diese in umsetzbare Schritte unterteilen. Diese Klarheit ermöglicht es ihnen, sich auf die unmittelbaren Aufgaben zu konzentrieren, die erforderlich sind, um ihren Zielen näher zu kommen. Beispielsweise könnte jemand, der einen Marathon absolvieren möchte, einen detaillierten Trainingsplan erstellen, der regelmäßige Läufe, Ruhetage und schrittweise Steigerungen der Distanz vorsieht.

Zielsetzung und Motivation

Ziele spielen eine entscheidende Rolle bei der Aufrechterhaltung der Motivation. Wenn sich Menschen Ziele setzen, die persönlich bedeutsam sind, ist es wahrscheinlicher, dass sie motiviert und engagiert bleiben, diese zu erreichen. Dieser Zusammenhang zwischen Zielen und Motivation ist eng mit intrinsischen und extrinsischen Motivatoren verknüpft. Beispielsweise könnte sich eine intrinsisch motivierte Person das Ziel setzen, ihre Fähigkeiten in einem Hobby, das sie liebt, zu verbessern, während eine extrinsisch motivierte Person möglicherweise eine Beförderung am Arbeitsplatz anstrebt, um Anerkennung und finanzielle Belohnungen zu erlangen.

Ziele vermitteln auch ein Gefühl von Fortschritt und Erfolg, was die Motivation stärkt. Jeder kleine Erfolg auf dem Weg, wie etwa das Erreichen eines Meilensteins oder die Vollendung eines Schrittes, gibt ein Erfolgserlebnis, das den Antrieb zum Weitermachen antreibt. Ohne klare Ziele fühlen sich Menschen möglicherweise ziellos oder verlieren die Motivation, da sie keine klare Richtung oder Möglichkeit haben, den Fortschritt zu messen.

Die Rolle von Fristen und Rechenschaftspflicht

Fristen und Verantwortlichkeit sind weitere Faktoren, die die Wirksamkeit der Zielsetzung erhöhen. Wenn Menschen konkrete Fristen für ihre Ziele festlegen, erzeugen sie ein Gefühl der Dringlichkeit, das zum Handeln anregt. Fristen tragen dazu bei, Verzögerungen vorzubeugen und den Einzelnen dazu zu bringen, sich auf die Erledigung von Aufgaben innerhalb eines bestimmten Zeitrahmens zu konzentrieren.

Verantwortlichkeit ist auch bei der Zielsetzung wichtig. Das Teilen von Zielen mit anderen oder das Einholen von Feedback kann externen Druck erzeugen, Verpflichtungen einzuhalten. Wer sich beispielsweise ein Fitnessziel setzt, indem er an einem Gruppentrainingskurs teilnimmt oder mit einem Personal Trainer zusammenarbeitet, bleibt möglicherweise eher bei seiner Routine, weil er sich anderen gegenüber verantwortlich fühlt.

Die Bedeutung der Ausrichtung des Verhaltens auf langfristige Ziele

Während es wichtig ist, sich kurzfristige Ziele zu setzen, ist es ebenso wichtig sicherzustellen, dass das tägliche Verhalten mit den langfristigen Zielen übereinstimmt. Viele Menschen haben große Träume oder langfristige Visionen für ihr Leben, aber es fällt ihnen schwer, die Lücke zwischen ihrem täglichen Handeln und ihren zukünftigen Zielen zu schließen. Das Ausrichten des Verhaltens an langfristigen Zielen erfordert kontinuierliche Reflexion, Disziplin und Absicht.

Konsistenz im Laufe der Zeit

Konsistenz ist ein Schlüsselfaktor, um langfristige Ziele in die Realität umzusetzen. Kleine, konsequente Maßnahmen im Laufe der Zeit können zu erheblichen Fortschritten führen, auch wenn die unmittelbaren Ergebnisse nicht immer sichtbar sind. Deshalb ist es wichtig, langfristige Ziele in überschaubare Schritte herunterzubrechen und sie in den Alltag zu integrieren.

Jemand, der beispielsweise langfristig den Wunsch hegt, ein Buch zu schreiben, könnte sich dazu verpflichten, jeden Tag 500 Wörter zu schreiben. Auch wenn der tägliche Aufwand gering erscheint, könnte das kumulative Ergebnis über Monate oder Jahre hinweg die Fertigstellung eines vollständigen Manuskripts sein. Das tägliche Verhalten an langfristige Ziele anzupassen erfordert Geduld und Beharrlichkeit, da Fortschritte möglicherweise nicht immer sofort erkennbar sind.

Kurzfristige Ablenkungen vermeiden

Eine der größten Herausforderungen bei der Ausrichtung des Verhaltens auf langfristige Ziele besteht darin, der Versuchung kurzfristiger Ablenkungen zu widerstehen. In der heutigen schnelllebigen Welt lässt man sich leicht von unmittelbaren Belohnungen oder flüchtigen Freuden ablenken, die nicht zum langfristigen Erfolg beitragen. Stundenlanges Scrollen durch soziale Medien kann zum Beispiel kurzfristige Unterhaltung sein, aber es hält Menschen oft von sinnvoller Arbeit oder persönlichem Wachstum ab.

Um langfristigen Zielen gerecht zu werden, ist es wichtig, Aktivitäten zu priorisieren, die zu diesen Zielen beitragen, und Ablenkungen zu minimieren, die dies nicht tun. Dies erfordert Selbstdisziplin und ein starkes Zielbewusstsein. Durch regelmäßiges Nachdenken über seine langfristige Vision können sich Einzelpersonen auch bei kurzfristigen Ablenkungen auf das Wesentliche konzentrieren.

Selbstreflexion und Anpassung

Um das Verhalten an langfristigen Zielen auszurichten, gehört auch eine regelmäßige Selbstreflexion dazu. Die Ziele und Prioritäten von Menschen können sich im Laufe der Zeit ändern, und es ist wichtig, regelmäßig zu beurteilen, ob aktuelle Maßnahmen noch mit zukünftigen Wünschen im Einklang stehen. Durch Selbstreflexion können Einzelpersonen Anpassungen vornehmen, ihre Ziele verfeinern und sicherstellen, dass ihr Verhalten weiterhin ihre sich entwickelnden Ziele unterstützt.

In manchen Fällen kann es sein, dass man alte Gewohnheiten oder Ziele aufgibt, die keinen Zweck mehr erfüllen. Beispielsweise kann es sein, dass jemand, der zunächst einen bestimmten Berufsweg eingeschlagen hat, nach einigen Jahren merkt, dass sich seine Interessen geändert haben. Durch Selbstreflexion können sie ihren Fokus ändern und ihr Verhalten auf neue, bedeutungsvollere Ziele ausrichten.

Die Macht der Wahl: Verantwortung für Ihr Handeln übernehmen

Wahlmöglichkeiten sind einer der prägendsten Aspekte menschlichen Verhaltens. Jede noch so kleine Entscheidung bringt Konsequenzen mit sich, die unser Leben tiefgreifend prägen. Das Verständnis der Funktionsweise von Entscheidungen, der Rolle persönlicher Verantwortung und der Debatte zwischen freiem Willen und Determinismus kann großen Einfluss darauf haben, wie wir unser tägliches Verhalten angehen. In diesem Kapitel wird untersucht, wie persönliche Verantwortung Handlungen prägt, philosophische Debatten über freien Willen und Determinismus untersucht und diskutiert, warum das Erkennen und Anerkennen unserer Entscheidungen für die Förderung von Verhaltensänderungen von entscheidender Bedeutung ist.

Wie persönliche Verantwortung das Verhalten prägt

Persönliche Verantwortung bezieht sich auf die Verantwortung, die Einzelpersonen für ihre Handlungen und Entscheidungen übernehmen. Es ist die Erkenntnis, dass wir trotz äußerer Faktoren letztendlich die Kontrolle darüber haben, wie wir auf Situationen reagieren. Die Übernahme persönlicher Verantwortung ist von entscheidender Bedeutung für die Entwicklung eines Gefühls von Entscheidungsfreiheit und Eigenverantwortung, da sie den Einzelnen dazu ermutigt, sein Leben aktiv zu gestalten, anstatt passiv auf die Umstände zu reagieren.

Verantwortlichkeit bei der Entscheidungsfindung

Wenn Menschen die Verantwortung für ihr Handeln übernehmen, ist die Wahrscheinlichkeit größer, dass sie wohlüberlegte Entscheidungen treffen. Verantwortung zu übernehmen bedeutet zu verstehen, dass jede Handlung Konsequenzen hat, sowohl positive als auch negative. Wenn jemand beispielsweise eine schlechte finanzielle Entscheidung trifft, ermutigt ihn die Übernahme der Verantwortung dafür, aus dem Fehler zu lernen, das Verhalten zu korrigieren und in Zukunft bessere Entscheidungen zu treffen. Im Gegensatz dazu könnten diejenigen, die sich von der Verantwortung abwenden, die Schuld auf externe Faktoren schieben, was zu wiederholten Fehlern ohne sinnvolles persönliches Wachstum führt.

Persönliche Verantwortung fördert auch das Gefühl der Eigenverantwortung für die Ergebnisse. Wenn Einzelpersonen Verantwortung für ihr Handeln übernehmen, können sie darüber nachdenken, was sie kontrollieren können und was nicht. Indem sie sich auf das konzentrieren, was sie beeinflussen können, werden sie angesichts von Herausforderungen proaktiver und widerstandsfähiger. Dieses Verantwortungsgefühl ist grundlegend für die Selbstverbesserung, da es die Rolle der individuellen Entscheidungsfreiheit bei der Gestaltung der eigenen Umstände betont.

Die Rolle äußerer Einflüsse

Während persönliche Verantwortung wichtig ist, ist es auch wichtig, die Rolle externer Einflüsse wie sozialer, wirtschaftlicher und ökologischer Faktoren zu erkennen. Diese Faktoren können die Wahlmöglichkeiten des Einzelnen beeinflussen, entbinden ihn jedoch nicht von seiner Verantwortung dafür, wie er auf diese Umstände reagiert. Auch wenn jemand beispielsweise in einer benachteiligten Gemeinschaft mit weniger Chancen aufwächst, hat er dennoch die Wahl, wie er mit den

Herausforderungen umgeht, mit denen er konfrontiert ist.

Indem der Einzelne äußere Einflüsse anerkennt und gleichzeitig die persönliche Verantwortung wahrt, schafft er ein Gleichgewicht zwischen dem Verständnis der Faktoren, die sein Leben prägen, und der Übernahme von Eigenverantwortung für sein Handeln innerhalb dieser Einschränkungen. Dieses Gleichgewicht ermöglicht es den Menschen, die Komplexität des Lebens zu meistern und gleichzeitig ein Gefühl der Kontrolle und Verantwortung für ihr Verhalten zu bewahren.

Das Konzept des freien Willens und des Determinismus im menschlichen Verhalten

Die philosophische Debatte zwischen freiem Willen und Determinismus ist von zentraler Bedeutung für das Verständnis menschlichen Verhaltens. Es wirft grundlegende Fragen darüber auf, ob Einzelpersonen wirklich die Kontrolle über ihre Entscheidungen haben oder ob ihre Handlungen durch äußere Kräfte, genetische Faktoren oder andere Faktoren, die außerhalb ihrer Kontrolle liegen, vorbestimmt sind.

Freier Wille: Die Macht zu wählen

Freier Wille ist die Idee, dass Individuen die Fähigkeit haben, Entscheidungen unabhängig von äußerem Druck zu treffen. Nach dieser Perspektive besitzen Menschen die Autonomie, über ihre Handlungen zu entscheiden, was sie moralisch und ethisch für ihr Verhalten verantwortlich macht. Freier Wille bedeutet, dass Menschen nicht nur Produkte ihrer Umwelt oder Biologie sind, sondern dass sie vielmehr die Fähigkeit haben, über ihre Umstände nachzudenken und bewusste Entscheidungen zu treffen.

Diejenigen, die an den freien Willen glauben, argumentieren, dass es genau diese Fähigkeit zur Wahl ist, die dem Leben einen Sinn gibt. Ohne den freien Willen würde das Konzept der Verantwortung seine Relevanz verlieren, da

Menschen für vorbestimmte Handlungen nicht verantwortlich wären. Freier Wille ist oft mit dem Gefühl persönlicher Ermächtigung verbunden – wenn Menschen glauben, dass sie ihren Weg wählen können, ist es wahrscheinlicher, dass sie Verantwortung für ihr Verhalten übernehmen und bewusste Anstrengungen unternehmen, um sich zu ändern oder zu verbessern.

Determinismus: Der Einfluss äußerer Kräfte

Andererseits geht der Determinismus davon aus, dass menschliches Verhalten durch äußere und innere Kräfte geprägt wird, die außerhalb der Kontrolle des Einzelnen liegen. Laut Deterministen spielt alles von der Genetik über die Erziehung bis hin zu gesellschaftlichen Einflüssen eine Rolle bei der Bestimmung des Verhaltens der Menschen. Aus dieser Sicht ist Wahl eine Illusion, da jede Entscheidung das Ergebnis früherer Ursachen und nicht des freien Willens ist.

Ein Determinist könnte beispielsweise argumentieren, dass der berufliche Werdegang einer Person vom Bildungssystem, in das sie hineingeboren wurde, ihrem sozioökonomischen Status und den Werten, die ihnen in der Kindheit vermittelt wurden, beeinflusst wird. In diesem Rahmen werden Individuen als Produkte ihrer Umwelt betrachtet, die auf der Grundlage vorgegebener Faktoren handeln, anstatt wirklich unabhängige Entscheidungen zu treffen.

Der Determinismus stellt die Idee der persönlichen Verantwortung in Frage, indem er vorschlägt, dass es unfair sein kann, Menschen für ihr Verhalten zur Rechenschaft zu ziehen, wenn Handlungen von externen Kräften diktiert werden. Doch selbst in einem deterministischen Rahmen erleben Individuen immer noch die Illusion der Wahl, was bedeutet, dass sie immer noch innerhalb bestimmter Grenzen agieren können, um Veränderungen in ihrem Leben vorzunehmen.

Das Zusammenspiel zwischen freiem Willen und Determinismus

Viele zeitgenössische Perspektiven auf menschliches Verhalten legen nahe, dass die Debatte zwischen freiem Willen und Determinismus kein Entweder-Oder-Satz, sondern ein Spektrum ist. Auch wenn es unbestreitbar ist, dass Faktoren wie Biologie, Umwelt und soziale Bedingungen das Verhalten beeinflussen, bleibt Raum für individuelle Entscheidungen und Verantwortung. Menschen können durch ihre Umstände beeinflusst werden, sie besitzen aber auch die Fähigkeit, über diese Einflüsse nachzudenken und innerhalb dieser Einschränkungen bewusste Entscheidungen zu treffen.

Das Erkennen dieses Zusammenspiels ermöglicht ein differenzierteres Verständnis des menschlichen Verhaltens. Es erkennt an, dass Individuen zwar von äußeren Kräften geformt werden, aber dennoch die Fähigkeit zur Selbsterkenntnis und Veränderung besitzen.

Dieses Verständnis unterstreicht, wie wichtig es ist, auch angesichts externer Herausforderungen Verantwortung für das eigene Handeln zu übernehmen.

Warum das Verstehen Ihrer Entscheidungen der Schlüssel zu Verhaltensänderungen ist

Die Fähigkeit, die eigenen Entscheidungen zu erkennen und zu verstehen, ist von grundlegender Bedeutung für sinnvolle Verhaltensänderungen. Wenn Menschen sich ihrer Entscheidungen bewusst sind, gewinnen sie Einblick in ihre Verhaltensmuster und können so bewusste Schritte in Richtung Veränderung unternehmen.

Bewusstsein für gewohnheitsmäßige Entscheidungen

Viele Verhaltensweisen werden durch gewohnheitsmäßige Entscheidungen bestimmt, die oft unbemerkt bleiben, weil sie automatisch erfolgen. Beispielsweise könnte eine Person jeden Abend unbewusst ungesunde Snacks essen, während sie fernsieht. Mit der Zeit wird diese Gewohnheit tief verwurzelt und beeinflusst ihre Gesundheit und ihr Wohlbefinden. Ohne die bewusste Wahrnehmung dieses Musters kann es schwierig sein, Änderungen vorzunehmen.

Sich dieser automatischen Entscheidungen bewusst zu werden, ist der erste Schritt zur Veränderung. Sobald Einzelpersonen die Gewohnheiten erkennen, die ihr Verhalten prägen, können sie aktive Schritte unternehmen, um ungesunde Gewohnheiten durch gesündere zu ersetzen. Dieser Prozess der Selbsterkenntnis ist für jeden, der sein Leben verbessern möchte, von wesentlicher Bedeutung, da er den Einzelnen befähigt, die Kontrolle über seine Entscheidungen zu übernehmen, anstatt sich von ihnen kontrollieren zu lassen.

Die Macht der absichtlichen Entscheidungsfindung

Absichtliche Entscheidungsfindung ist die Praxis, die eigenen Entscheidungen und ihre möglichen Konsequenzen bewusst abzuwägen. Es geht darum, innezuhalten, um über die Motivationen, Wünsche und Ergebnisse nachzudenken, die mit einer bestimmten Entscheidung verbunden sind, bevor Maßnahmen ergriffen werden. Durch bewusste Entscheidungsfindung können Menschen ihr Verhalten an ihren Werten und langfristigen Zielen ausrichten.

Beispielsweise könnte jemand, der versucht, seine finanzielle Situation zu verbessern, bewusste Entscheidungen treffen, indem er die langfristigen Auswirkungen seines Ausgabeverhaltens berücksichtigt. Anstatt impulsiv etwas zu kaufen, halten sie inne und überlegen, ob der Kauf mit ihrem Ziel, Geld zu sparen, übereinstimmt. Mit der Zeit kann diese Praxis der bewussten Entscheidungsfindung zu diszipliniertem Verhalten und größerer Kontrolle über das eigene Leben führen.

Verantwortung bei Verhaltensänderungen

Verantwortung für die eigenen Entscheidungen zu übernehmen, ist ein starker Katalysator für Verhaltensänderungen. Wenn Menschen akzeptieren, dass sie die Kontrolle über ihre Handlungen haben, ist es wahrscheinlicher, dass sie proaktive Schritte unternehmen, um sich selbst zu verbessern. Umgekehrt neigen diejenigen, die sich von der Verantwortung abwenden oder externen Faktoren die Schuld geben, seltener zu einer sinnvollen Selbstreflexion oder ergreifen Maßnahmen zur Veränderung.

Verantwortung zu übernehmen bedeutet auch, die Konsequenzen früherer Entscheidungen anzuerkennen, sowohl positive als auch negative. Dieses Selbstbewusstsein kann unangenehm sein, ist aber ein wesentlicher Bestandteil der persönlichen Entwicklung. Durch die Eingestehen vergangener Fehler können Einzelpersonen wertvolle Lektionen

lernen, die als Grundlage für zukünftige
Entscheidungen dienen. Gleichzeitig stärkt die
Übernahme von Verantwortung für positive
Maßnahmen das Gefühl der
Entscheidungsfreiheit und befähigt die
Menschen, weiterhin Entscheidungen zu treffen,
die ihren Zielen entsprechen.

Verhaltensänder ung: Strategien für eine dauerhafte Transformation

Verhaltensänderungen, insbesondere langjährige Gewohnheiten, können überwältigend sein. Mit den richtigen Strategien wird der Prozess jedoch beherrschbar und erreichbar. In diesem Kapitel werden praktische Ansätze zum Verständnis und zur Transformation von Verhalten untersucht, die Wirksamkeit der kognitiven Verhaltenstherapie (CBT) hervorgehoben und die Rolle von Achtsamkeit und Selbstreflexion bei der

Schaffung nachhaltiger Veränderungen hervorgehoben.

Praktische Ansätze zum Verstehen und Ändern von Verhalten

Für eine erfolgreiche Verhaltensänderung ist es wichtig, zunächst die Beweggründe, Auslöser und Muster zu verstehen, die aktuelle Handlungen stützen. Verhaltensänderungen erfolgen nicht isoliert; Es erfordert oft die Untersuchung von Gedanken, Emotionen und Umweltfaktoren, die das Verhalten beeinflussen. Im Folgenden finden Sie einige Schlüsselansätze, die eine Grundlage für das Verständnis und die Umsetzung von Verhaltensänderungen bilden.

Auslöser und Muster erkennen

Einer der ersten Schritte zur Verhaltensänderung besteht darin, die Auslöser zu identifizieren, die zu bestimmten Aktionen führen. Auslöser sind bestimmte Situationen, Emotionen oder Gedanken, die bestimmte Verhaltensweisen auslösen. Beispielsweise kann Stress am Arbeitsplatz zu ungesunden Essgewohnheiten führen oder Langeweile zu übermäßiger Nutzung sozialer Medien führen. Die Identifizierung dieser Auslöser hilft dem Einzelnen, Muster in seinem Verhalten zu erkennen, was für die Durchführung von Veränderungen von entscheidender Bedeutung ist.

Sobald Auslöser identifiziert sind, besteht der nächste Schritt darin, die von ihnen erzeugten Muster zu erkennen. Verhalten folgt oft einem vorhersehbaren Ablauf: Ein Auslöser führt zu einer Aktion, und die Aktion führt zu einer Konsequenz, entweder positiv oder negativ. Durch die Untersuchung dieser Sequenzen können Einzelpersonen genau bestimmen, wo Veränderungen erforderlich sind, und Strategien entwickeln, um ihre Reaktionen zu ändern.

Klare, erreichbare Ziele setzen

Veränderungen werden leichter erreichbar, wenn sie in klare, spezifische und messbare Ziele unterteilt werden. Vage Absichten wie „Ich möchte gesünder sein" haben oft nicht die nötige Struktur, um nachhaltige Fortschritte zu erzielen. Stattdessen entsteht durch die Festlegung klarer Ziele, wie zum Beispiel „Ich gehe jeden Morgen einen 30-minütigen Spaziergang", ein konkreter Handlungsplan. Ziele sollten realistisch und erreichbar sein, um Frustration und Motivationsverlust zu vermeiden. Wenn man klein anfängt, kann man Schwung aufbauen und mit der Zeit den Schwierigkeitsgrad seiner Ziele steigern.

Überwachen Sie den Fortschritt und passen Sie ihn bei Bedarf an

Verhalten Veränderung ist selten ein linearer Prozess. Es ist wichtig, den Fortschritt regelmäßig zu überwachen, um zu beurteilen, ob die eingesetzten Strategien effektiv funktionieren. Das Führen eines Tagebuchs oder die Verwendung von Apps, die das Verhalten verfolgen, kann Aufschluss darüber geben, in welchen Bereichen Verbesserungsbedarf besteht und wo Anpassungen erforderlich sind. Das

Nachdenken über Fortschritte fördert auch das Selbstbewusstsein und hilft dem Einzelnen zu erkennen, wenn er in alte Muster zurückfällt. Wenn Hindernisse auftauchen, können die Anpassung von Strategien und das Ausprobieren neuer Ansätze dazu beitragen, die Dynamik für dauerhafte Veränderungen aufrechtzuerhalten.

Kognitive Verhaltenstherapie (CBT) für persönliches Wachstum

Die kognitive Verhaltenstherapie (CBT) ist ein weit verbreiteter Ansatz, der sich auf die Veränderung von Denk- und Verhaltensmustern konzentriert. Ursprünglich zur Behandlung psychischer Probleme entwickelt, können die Prinzipien der CBT auch auf allgemeine Verhaltensänderungen angewendet werden. Es basiert auf der Idee, dass Gedanken, Emotionen und Verhaltensweisen miteinander verbunden sind und die Änderung eines Aspekts zu positiven Veränderungen bei den anderen führen kann.

Negative Gedankenmuster herausfordern

CBT betont, wie wichtig es ist, negative oder nicht hilfreiche Gedankenmuster, die zu unerwünschtem Verhalten beitragen, zu erkennen und zu hinterfragen. Beispielsweise könnte jemand, der versucht, mit dem Rauchen aufzuhören, denken: „Ich bin jetzt zu gestresst, um mit dem Rauchen aufzuhören." Diese automatischen Gedanken verstärken oft Verhaltensweisen, die der Einzelne ändern möchte. Durch das Erkennen dieser Gedanken können Einzelpersonen ihre Gültigkeit in Frage stellen und sie durch konstruktivere Alternativen ersetzen, wie zum Beispiel: „Mit dem Rauchen aufzuhören wird meinen Stress auf lange Sicht reduzieren."

Das Hinterfragen und Ersetzen negativer Gedankenmuster führt zu Veränderungen in den emotionalen Reaktionen und im Verhalten. Wenn Menschen lernen, positiver und realistischer über ihre Situation zu denken, neigen sie weniger dazu, selbstzerstörerische Verhaltensweisen an den Tag zu legen und eher dazu, gesündere Gewohnheiten anzunehmen.

Verhalten Aktivierung

Ein weiteres Schlüsselelement der kognitiven Verhaltenstherapie ist die Verhaltensaktivierung, bei der es darum geht, sich stärker auf positive Aktivitäten einzulassen, um Traurigkeits- oder Angstgefühlen entgegenzuwirken. Häufig meiden Menschen Aufgaben oder Situationen, die sie mit Unbehagen oder Stress assoziieren, was zu Mustern des Aufschiebens oder der Inaktivität führt. Die Verhaltensaktivierung ermutigt Einzelpersonen, sich diesen Aktivitäten schrittweise zu stellen und sich darauf einzulassen, was wiederum zu einer verbesserten Stimmung und einem geringeren Vermeidungsverhalten führt.

Beispielsweise kann es sein, dass jemand, der unter sozialen Ängsten leidet, die Teilnahme an gesellschaftlichen Veranstaltungen aus Angst vor Peinlichkeiten vermeidet. Verhaltensaktivierung würde sie dazu ermutigen, sich nach und nach sozialen Situationen auszusetzen, angefangen bei kleineren Zusammenkünften bis hin zu größeren Veranstaltungen. Dieser Prozess stärkt nicht nur das Selbstvertrauen, sondern reduziert auch das Vermeidungsverhalten, das die Angst aufrechterhält.

Bewältigungsfähigkeiten entwickeln

CBT konzentriert sich auch auf die Entwicklung gesunder Bewältigungsfähigkeiten, um maladaptives Verhalten zu ersetzen. Wenn beispielsweise Stress zu übermäßigem Essen führt, kann eine Person alternative Möglichkeiten zur Stressbewältigung erlernen, beispielsweise Entspannungstechniken oder körperliche Bewegung. Durch die konsequente Ausübung dieser neuen Bewältigungsmechanismen können Einzelpersonen den Zusammenhang zwischen Stress und übermäßigem Essen abschwächen und so zu dauerhaften Verhaltensänderungen führen.

Die Rolle von Achtsamkeit und Selbstreflexion bei Verhaltensänderungen

Achtsamkeit und Selbstreflexion sind wirkungsvolle Werkzeuge, um dauerhafte Veränderungen herbeizuführen, denn sie helfen dem Einzelnen, präsent zu bleiben, automatische Verhaltensweisen zu erkennen und über seine Absichten nachzudenken. Diese Praktiken fördern ein größeres Selbstbewusstsein und ermöglichen es dem Einzelnen, nachdenklich zu reagieren, anstatt impulsiv zu reagieren.

Achtsamkeit und Bewusstsein für den gegenwärtigen Moment

Achtsamkeit bedeutet, auf den gegenwärtigen Moment zu achten, ohne zu urteilen. Es hilft Einzelpersonen, sich ihrer Gedanken, Emotionen und Verhaltensweisen bewusst zu werden, während sie auftreten, anstatt auf Autopilot zu reagieren. Durch das Üben von Achtsamkeit können Einzelpersonen automatische Reaktionen unterbrechen, die zu unerwünschtem Verhalten führen.

Beispielsweise könnte jemand, der versucht, seine Essgewohnheiten zu ändern, achtsames

Essen praktizieren, bei dem er genau auf den Geschmack, die Textur und das Erlebnis des Essens achtet. Dieser Ansatz verringert die Wahrscheinlichkeit von gedankenlosem Naschen oder übermäßigem Essen, da der Einzelne die Signale von Hunger und Sättigung besser wahrnimmt.

Achtsamkeit kann auch auf die emotionale Regulierung angewendet werden. Anstatt impulsiv auf Stress oder Frustration zu reagieren, ermutigt Achtsamkeit den Einzelnen, innezuhalten und seine Gefühle ohne Urteil zu beobachten. Dadurch können sie gelassener und konstruktiver auf herausfordernde Situationen reagieren.

Selbstreflexion für persönliches Wachstum

Selbstreflexion ist die Praxis, die eigenen Handlungen, Gedanken und Emotionen regelmäßig zu bewerten. Es spielt eine Schlüsselrolle bei der Verhaltensänderung, da es den Einzelnen dazu ermutigt, seine Fortschritte zu bewerten, Rückschläge zu erkennen und

Anpassungen vorzunehmen. Selbstreflexion kann durch Tagebuchführung, Meditation oder einfach dadurch erfolgen, dass man sich am Ende eines jeden Tages Zeit nimmt, darüber nachzudenken, was gut gelaufen ist und was verbessert werden könnte.

Regelmäßige Selbstreflexion fördert die Verantwortung und hilft dem Einzelnen, seine Ziele im Einklang zu halten. Durch die Reflexion von Erfolgen und Misserfolgen können Einzelpersonen aus ihren Erfahrungen lernen und ihre Herangehensweise an Veränderungen kontinuierlich verfeinern.

Kombination von Achtsamkeits- und CBT-Techniken

Achtsamkeit kann CBT-Techniken ergänzen, indem sie Einzelpersonen dabei hilft, sich ihrer Gedanken und Verhaltensweisen bewusst zu bleiben, während sie daran arbeiten, diese zu ändern. Während sich CBT darauf konzentriert, negative Gedanken herauszufordern und umzustrukturieren, hilft Achtsamkeit dem

Einzelnen, diese Gedanken in Echtzeit zu erkennen, sodass er CBT-Strategien effektiver anwenden kann. Zusammen bilden diese Ansätze einen umfassenden Rahmen für Verhaltensänderungen, der sowohl bewusste als auch unbewusste Muster berücksichtigt.

Strategien für dauerhafte Verhaltensänderungen

Eine dauerhafte Transformation erfordert eine Kombination von Strategien, die sich sowohl mit unmittelbaren Verhaltensweisen als auch mit den zugrunde liegenden Mustern befassen, die sie stützen. Im Folgenden finden Sie einige Schlüsselstrategien, die dauerhafte Verhaltensänderungen fördern.

Beginnen Sie mit kleinen, konsequenten Schritten

Eine der effektivsten Möglichkeiten, dauerhafte Veränderungen herbeizuführen, besteht darin, mit kleinen, überschaubaren Schritten zu beginnen. Der Versuch, das Verhalten auf einmal zu ändern, kann zu Frustration und Burnout führen. Konzentrieren Sie sich stattdessen darauf, inkrementelle Änderungen vorzunehmen, die sich im Laufe der Zeit weiterentwickeln. Wenn das Ziel beispielsweise darin besteht, regelmäßig Sport zu treiben, ist es nachhaltiger, jeden Tag mit einem 10-minütigen Spaziergang zu beginnen, als gleich ein einstündiges Training zu versuchen. Durch eine schrittweise Steigerung der Intensität und Dauer wird das neue Verhalten zu einem natürlichen Teil des täglichen Lebens.

Entwickeln Sie ein Unterstützungssystem

Ein Unterstützungssystem kann die Erfolgsaussichten erheblich erhöhen. Ob Freunde, Familie oder Trainer: Das Teilen von Zielen mit anderen schafft Verantwortung und gibt in schwierigen Momenten Ermutigung. Ein Supportsystem kann Feedback geben, Erfolge feiern und dabei helfen, mit Rückschlägen umzugehen, wodurch der Veränderungsprozess beherrschbarer wird.

Ersetzen Sie negative Gewohnheiten durch positive

Verhalten Bei Veränderungen geht es oft nicht nur darum, negative Gewohnheiten zu beseitigen, sondern sie durch positive Alternativen zu ersetzen. Wenn jemand zum Beispiel die Bildschirmzeit vor dem Schlafengehen reduzieren möchte, könnte er diese Gewohnheit durch das Lesen eines Buches oder das Üben von Entspannungsübungen ersetzen. Das Ersetzen eines unerwünschten Verhaltens durch eine gesündere Alternative macht es einfacher, den Gewohnheitszyklus zu durchbrechen und die Veränderung über einen längeren Zeitraum aufrechtzuerhalten.

Seien Sie geduldig und beharrlich

Verhaltensänderungen sind ein schrittweiser Prozess, der Geduld und Beharrlichkeit erfordert. Es kommt häufig vor, dass man von Zeit zu Zeit Rückschläge erlebt oder in alte Gewohnheiten zurückfällt. Der Schlüssel liegt darin, dem Prozess treu zu bleiben und

Rückschläge als Lernchancen und nicht als
Misserfolge zu betrachten. Mit der Zeit und
durch konsequente Anstrengung verankern sich
neue Verhaltensweisen und es werden dauerhafte
Veränderungen erreicht.

Verhaltensproble me überwinden

Viele Menschen stehen vor Verhaltensproblemen, die ihr persönliches Wachstum und Wohlbefinden behindern. Ob es sich um Aufschub, Sucht oder andere negative Muster handelt, diese Verhaltensweisen können sich oft überwältigend anfühlen und zu Frustration und Selbstzweifeln führen. Durch das Verständnis dieser Verhaltensweisen und die Anwendung wirksamer Strategien können Einzelpersonen diese Herausforderungen jedoch bewältigen und positive Veränderungen fördern.

Umgang mit Aufschub, Sucht und anderen negativen Mustern

Aufschub: Verzögerungen im Handeln verstehen und überwinden

Unter Prokrastination versteht man das gewohnheitsmäßige Aufschieben von Aufgaben, obwohl man weiß, dass dies negative Folgen haben wird. Dies ist eine der häufigsten Herausforderungen, mit denen Menschen konfrontiert sind, wenn sie versuchen, ihr Verhalten zu ändern. Während Prokrastination wie ein Problem des Zeitmanagements erscheinen mag, ist sie oft auf tiefere emotionale oder psychologische Faktoren zurückzuführen, wie z. B. Angst vor dem Scheitern, Perfektionismus oder das Gefühl, von der Größe einer Aufgabe überwältigt zu werden.

Um den Aufschub zu überwinden, ist es entscheidend, seine Grundursachen zu identifizieren. Für viele bedeutet das Aufschieben eine vorübergehende Linderung von Ängsten oder Unannehmlichkeiten, die mit einer Aufgabe verbunden sind. Allerdings führt diese Vermeidung letztendlich zu mehr Stress und Schuldgefühlen. Im Folgenden finden Sie

praktische Schritte zur Bekämpfung des
Aufschiebens:

1. **Teilen Sie Aufgaben in kleinere,
   überschaubare Schritte auf**: Große
   Aufgaben können entmutigend wirken,
   was oft dazu führt, dass man sie meidet.
   Die Aufteilung in kleinere, besser
   erreichbare Teile erleichtert den Einstieg
   und verringert das Gefühl der
   Überforderung.

2. **Legen Sie Fristen fest und priorisieren
   Sie Aufgaben**: Durch die Festlegung
   klarer Fristen und die Priorisierung der
   wichtigsten Aufgaben können Sie der
   Angewohnheit vorbeugen, Dinge auf
   unbestimmte Zeit aufzuschieben. Es
   erzeugt auch ein Gefühl der Dringlichkeit,
   das zum Handeln motivieren kann.

3. **Fortschritt belohnen**: Die Schaffung
   eines Belohnungssystems kann positives
   Verhalten verstärken. Nachdem Sie eine
   Aufgabe erledigt haben, auch wenn es
   sich um eine kleine Aufgabe handelt, kann

eine Belohnung dazu beitragen, Schwung aufzubauen und die Motivation zu steigern.

4. **Entwickeln Sie Selbstmitgefühl**: Zauderer haben oft Schwierigkeiten mit Selbstkritik, was die Vermeidung verstärken kann. Zu lernen, bei Rückschlägen Mitgefühl mit sich selbst zu haben, reduziert Ängste und fördert eine gesündere Herangehensweise an die Bewältigung von Aufgaben.

Sucht: Aus destruktiven Zyklen ausbrechen

Sucht, sei es nach Substanzen, Verhaltensweisen oder sogar digitalen Medien, ist eine weitere bedeutende Verhaltensherausforderung. Sucht ist oft dadurch gekennzeichnet, dass man nicht in der Lage ist, mit bestimmten Verhaltensweisen aufzuhören, obwohl man deren negative Folgen kennt. Es wirkt sich auf das emotionale Wohlbefinden, Beziehungen und die allgemeine Lebensqualität aus.

Um Sucht zu bekämpfen, müssen Einzelpersonen verstehen, dass es nicht nur eine Frage der Willenskraft ist. Sucht verändert die Gehirnchemie, erzeugt starkes Verlangen und verstärkt ungesunde Verhaltensmuster. Zu den wirksamen Strategien zur Überwindung einer Sucht gehören:

1. **Erkennen Sie das Problem an**: Zu erkennen, dass Sucht das Leben beeinträchtigt, ist der erste Schritt zur Genesung. Ohne Anerkennung ist es schwierig, einen Plan für Veränderungen zu entwickeln.
2. **Suchen Sie professionelle Unterstützung**: Sucht ist komplex und erfordert oft professionelle Intervention. Therapie-, Beratungs- oder Selbsthilfegruppen wie die Anonymen Alkoholiker (AA) oder die Anonymen Narkotiker (NA) bieten wichtige Instrumente und gemeinschaftliche Unterstützung zur Überwindung der Sucht. Professionelle Beratung kann einen

strukturierten Ansatz zur Genesung bieten, einschließlich der Behandlung zugrunde liegender emotionaler und psychologischer Probleme.

3. **Ersetzen Sie schädliche Verhaltensweisen durch positive**: Das Ersetzen von Suchtverhalten durch gesündere Alternativen ist für die Genesung von entscheidender Bedeutung. Beispielsweise kann körperliche Aktivität, die Ausübung kreativer Hobbys oder das Praktizieren von Achtsamkeit dabei helfen, die Aufmerksamkeit von Heißhungerattacken abzulenken.

4. **Bauen Sie ein Unterstützungssystem auf**: Isolation kann die Sucht verstärken, während soziale Unterstützung die Genesung stärkt. Sich mit unterstützenden Freunden, Familienmitgliedern oder Gruppen zu umgeben, die die Herausforderungen der Sucht verstehen, trägt dazu bei, Verantwortung zu übernehmen und Mut zu machen.

Andere negative Muster

Andere Verhaltensmuster wie chronischer Stress, negative Selbstgespräche und schlechte emotionale Regulierung behindern ebenfalls das persönliche Wachstum. Diese Muster verstärken sich oft im Laufe der Zeit und werden zu automatischen Reaktionen auf verschiedene Lebensumstände. Um diese Herausforderungen anzugehen, müssen Einzelpersonen ihre Auslöser aktiv identifizieren und Strategien umsetzen, um den Teufelskreis zu durchbrechen.

Chronischer Stress führt beispielsweise häufig zu ungesunden Bewältigungsmechanismen wie übermäßigem Essen oder Auspeitschen auf andere. Das Erkennen dieser Muster und das Erlernen gesünderer Bewältigungstechniken, wie z. B. Entspannungsübungen oder die Suche nach professioneller Beratung, kann verhindern, dass sich diese Verhaltensweisen verfestigen. Ebenso kann das Ersetzen negativer Selbstgespräche durch Affirmationen und realistische Einschätzungen Ängste reduzieren und gesünderes Denken fördern.

Selbstsabotierendes Verhalten erkennen

Unter Selbstsabotage versteht man Handlungen oder Denkmuster, die den Einzelnen daran hindern, seine Ziele zu erreichen. Dieses Verhalten beruht oft auf Angst vor dem Scheitern, Angst vor Erfolg oder tief verwurzelten einschränkenden Überzeugungen. Selbstsabotierendes Verhalten kann sich auf verschiedene Weise äußern, einschließlich Aufschieben, Vermeiden oder destruktiver Gewohnheiten.

Selbstsabotierende Muster erkennen

Um Selbstsabotage zu erkennen, bedarf es einer ehrlichen Selbstreflexion. Es ist wichtig, Verhaltensmuster zu untersuchen, die den Fortschritt ständig untergraben, insbesondere wenn Ziele in greifbarer Nähe sind. Zu den häufigsten Anzeichen einer Selbstsabotage gehören:

1. **Aufgaben oder Ziele meiden**: Das ständige Aufschieben von Arbeiten, die zum Erfolg führen könnten, ist ein Kennzeichen der Selbstsabotage. Zum Beispiel das Lernen für eine wichtige Prüfung hinauszögern, obwohl man sich der Konsequenzen bewusst ist.

2. **Sich auf negative Selbstgespräche einlassen**: Gedanken wie „Ich bin nicht gut genug" oder „Ich werde nie Erfolg haben" verstärken das Gefühl der Unzulänglichkeit und hindern den Einzelnen daran, Schritte in Richtung seiner Ziele zu unternehmen.

3. **Unnötige Konflikte schaffen**: Manchmal schaffen Einzelpersonen unbewusst Konflikte in persönlichen oder beruflichen Beziehungen, um die Aufmerksamkeit von ihren eigenen Unzulänglichkeiten abzulenken.

4. **Unrealistische Erwartungen wecken**: Zu ehrgeizige Ziele können zu Burnout oder Versagensgefühlen führen und dazu führen, dass Menschen ganz aufgeben.

Selbstsabotage überwinden

Sich von selbstsabotierendem Verhalten zu befreien, erfordert bewusste Anstrengung und Selbsterkenntnis. Hier sind Strategien, um diese Verhaltensweisen anzugehen und zu überwinden:

1. **Fordern Sie einschränkende Überzeugungen heraus**: Viele selbstsabotierende Verhaltensweisen basieren auf einschränkenden Überzeugungen, die nicht auf der Realität basieren. Es ist wichtig, diese Überzeugungen zu hinterfragen und durch stärkere Überzeugungen zu ersetzen. Anstatt zum Beispiel zu denken: „Ich versage immer", denken Sie darüber nach: „Ich habe es in der Vergangenheit geschafft, und ich kann es wieder schaffen."

2. **Setzen Sie sich realistische Ziele**: Obwohl Ehrgeiz wichtig ist, ist das Setzen erreichbarer und realistischer Ziele unerlässlich, um Selbstsabotage zu

vermeiden. Realistische Ziele vermitteln ein Gefühl des Fortschritts und verhindern Gefühle der Überforderung oder des Scheiterns.

3. **Entwickeln Sie Selbstmitgefühl**: Ein freundlicher Umgang mit sich selbst, insbesondere nach Rückschlägen, verringert die Neigung zu selbstsabotierendem Verhalten. Anstatt sich selbst für Fehler zu kritisieren, fördert die Annahme einer Lern- und Wachstumsmentalität die Widerstandsfähigkeit.

4. **Streben Sie nach Verantwortung**: Das Teilen von Zielen mit einem vertrauenswürdigen Freund, Mentor oder Coach schafft externe Verantwortung und verringert die Wahrscheinlichkeit, selbstsabotierendes Verhalten an den Tag zu legen.

Resilienz aufbauen und positive Veränderungen fördern

Resilienz, die Fähigkeit, sich von Rückschlägen zu erholen und sich an Veränderungen anzupassen, ist ein entscheidender Faktor bei der Bewältigung von Verhaltensproblemen. Die Entwicklung von Resilienz hilft dem Einzelnen nicht nur, sich von Misserfolgen zu erholen, sondern stärkt auch seine Fähigkeit, positive Veränderungen anzustreben und aufrechtzuerhalten.

Resilienz kultivieren

Belastbarkeit ist keine angeborene Eigenschaft, sondern eine Fähigkeit, die durch Übung und gezieltes Handeln entwickelt werden kann. Der Aufbau von Resilienz erfordert eine Denkweise, die Herausforderungen als Wachstumschancen und nicht als Bedrohung für den Erfolg betrachtet. Zu den Strategien zum Aufbau von Resilienz gehören:

1. **Entwickeln Sie eine Wachstumsmentalität**: Eine wachstumsorientierte Denkweise anzunehmen bedeutet, zu glauben, dass

sich Fähigkeiten und Verhaltensweisen im Laufe der Zeit durch Anstrengung und Lernen verbessern können. Anstatt Misserfolge als Endpunkt zu betrachten, betrachten Personen mit einer Wachstumsmentalität Rückschläge als Gelegenheiten zum Lernen und zur Verbesserung.

2. **Übe Selbstfürsorge**: Körperliches und emotionales Wohlbefinden sind die Grundlage für die Widerstandsfähigkeit. Regelmäßige Bewegung, ausreichend Schlaf und gesunde Ernährung tragen zur allgemeinen Widerstandsfähigkeit bei und helfen dem Einzelnen, besser mit Stress und Rückschlägen umzugehen.

3. **Bauen Sie starke Beziehungen auf**: Resiliente Menschen verfügen oft über ein Netzwerk unterstützender Beziehungen. Der Aufbau und die Pflege von Verbindungen zu Familie, Freunden oder Kollegen bietet emotionale Unterstützung in schwierigen Zeiten und stärkt positive Verhaltensweisen.

4. **Entwickeln Sie Fähigkeiten zur Problemlösung**: Resilienz hängt eng mit der Fähigkeit einer Person zusammen, Probleme effektiv zu lösen. Indem Einzelpersonen lernen, Herausforderungen mit einer problemlösenden Denkweise anzugehen, können sie Gefühle der Hilflosigkeit abbauen und bei Hindernissen konstruktive Maßnahmen ergreifen.

Förderung positiver Veränderungen

Positive Veränderungen sind das ultimative Ziel bei der Überwindung von Verhaltensproblemen. Der Aufbau von Resilienz und die Bekämpfung von Prokrastination, Sucht oder Selbstsabotage sind wesentliche Schritte auf dem Weg zu einer dauerhaften Transformation. Um positive Veränderungen herbeizuführen, müssen Einzelpersonen bei ihren Bemühungen Konzentration, Geduld und Konsequenz bewahren. Im Folgenden sind die wichtigsten Strategien zur Förderung positiver Veränderungen aufgeführt:

1. **Feiern Sie den Fortschritt**: Das Erkennen und Feiern kleiner Erfolge auf dem Weg stärkt positives Verhalten und baut Dynamik auf. Das Feiern von Fortschritten beugt Entmutigung vor und erinnert den Einzelnen an die Fortschritte, die er gemacht hat.

2. **Schaffen Sie unterstützende Umgebungen**: Verhaltensänderungen sind in Umgebungen, die positive Gewohnheiten unterstützen, einfacher. Dazu kann es gehören, Auslöser für negatives Verhalten zu beseitigen oder sich mit Menschen zu umgeben, die positive Handlungen fördern und verstärken.

3. **Bleiben Sie anpassungsfähig**: Flexibilität ist wichtig, wenn man Veränderungen anstrebt. Manchmal verlaufen Pläne nicht wie erwartet und Einzelpersonen müssen möglicherweise ihre Strategien anpassen. Anpassungsfähig zu bleiben ermöglicht es dem Einzelnen, aus Rückschlägen zu lernen und weiter voranzukommen.

Der Einfluss von Beziehungen auf Ihr Verhalten

Beziehungen spielen eine entscheidende Rolle bei der Gestaltung menschlichen Verhaltens. Von intimen Partnerschaften bis hin zu Freundschaften und sozialen Verbindungen – die Beziehungen, die wir eingehen, beeinflussen unsere Gedanken, Gefühle und Handlungen. Ob positiv oder negativ, diese Interaktionen tragen wesentlich dazu bei, wie wir auf die Welt um uns herum reagieren. Zu verstehen, wie sich Beziehungen auf das Verhalten auswirken, ist für die persönliche Entwicklung, die Verbesserung der Kommunikation, die Lösung von Konflikten und die Förderung gesünderer Verbindungen zu anderen von entscheidender Bedeutung.

Wie sich intime und soziale Beziehungen auf Ihr Handeln auswirken

Menschliches Verhalten spiegelt oft die Beziehungen wider, die wir pflegen. Der Einfluss intimer Beziehungen, beispielsweise mit einem Partner oder engen Familienmitgliedern, ist tendenziell direkter und tiefgreifender, während soziale Beziehungen, wie Freundschaften oder Interaktionen in der Gemeinschaft, subtilere, aber ebenso wichtige Auswirkungen haben.

Intime Beziehungen und Verhalten

Intime Beziehungen, insbesondere romantische Partnerschaften, haben aufgrund ihrer emotionalen Tiefe und Nähe einen starken Einfluss auf das Verhalten. In diesen Beziehungen handeln Einzelpersonen oft basierend auf den Bedürfnissen, Erwartungen und Emotionen ihres Partners. Beispielsweise könnte man bestimmte Gewohnheiten, Vorlieben oder Verhaltensweisen ändern, um den Wünschen des Partners gerecht zu werden oder die Harmonie in der Beziehung aufrechtzuerhalten. Dies kann je nach Dynamik der Beziehung sowohl positiv als auch negativ sein.

Positive intime Beziehungen fördern unterstützendes Verhalten wie Empathie, Kooperation und Kompromissbereitschaft. Partner in gesunden Beziehungen neigen eher zu Verhaltensweisen, die gegenseitigen Respekt und Verständnis fördern. Andererseits können negative intime Beziehungen zu Stress, Ängsten und Verhaltensweisen führen, die von Unsicherheit oder Konflikten geprägt sind. In einigen Fällen können Personen in ungesunden Beziehungen selbstzerstörerisches Verhalten an den Tag legen oder Bewältigungsmechanismen wie Vermeidung oder emotionalen Rückzug anwenden.

Ein wesentlicher Aspekt intimer Beziehungen ist der emotionale Einfluss, den jeder Partner auf den anderen hat. Emotionale Ansteckung – das Phänomen, bei dem die Emotionen einer Person die einer anderen Person beeinflussen – spielt eine wichtige Rolle dabei, wie Partner auf Situationen reagieren. Wenn ein Partner verärgert ist, kann der andere ähnliche Gefühle annehmen, was je nach Umgang mit Emotionen entweder zu einer konstruktiven Problemlösung führen oder zu einem Konflikt eskalieren kann.

Soziale Beziehungen und Verhalten

Während intime Beziehungen oft einen unmittelbareren Einfluss auf das Verhalten haben, tragen soziale Beziehungen wie Freundschaften, berufliche Interaktionen oder Zugehörigkeit zu einer Gemeinschaft zu langfristigen Verhaltensmustern bei. Das Verhalten von Einzelpersonen innerhalb eines sozialen Umfelds kann Entscheidungen, Einstellungen und Gewohnheiten erheblich beeinflussen. Beispielsweise kann Gruppenzwang in sozialen Gruppen das Verhalten beeinflussen, insbesondere wenn es um die Wahl des Lebensstils wie Ernährung, Bewegung und Freizeitaktivitäten geht.

Soziale Gruppen vermitteln auch ein Gefühl von Identität und Zugehörigkeit. Menschen passen ihr Verhalten oft an die Werte und Normen der

Gruppe an. Dies kann zu positiven Verhaltensweisen führen, beispielsweise zur Teilnahme an Gruppenaktivitäten, die das Wohlbefinden und die persönliche Entwicklung fördern. Umgekehrt kann es auch zu negativem Verhalten führen, wenn die Gruppe ungesunde Gewohnheiten oder toxische Muster befürwortet.

Auch die Theorie des sozialen Vergleichs, die besagt, dass Individuen sich selbst anhand ihres Vergleichs mit anderen bewerten, spielt bei der Verhaltensgestaltung eine Rolle. In sozialen Umgebungen können Einzelpersonen ihr Verhalten ändern, um sich entweder an Gleichaltrige anzupassen oder sich von ihnen abzuheben, abhängig von ihrem Wunsch nach Akzeptanz oder Unterscheidung.

Die Rolle von Kommunikation und Konflikt bei der Gestaltung des Verhaltens

Effektive Kommunikation ist die Grundlage aller Beziehungen. Die Art und Weise, wie Menschen kommunizieren – sowohl verbal als auch nonverbal – hat großen Einfluss auf ihre

Interaktionen und die Verhaltensweisen, die sich aus diesen Interaktionen ergeben. Sowohl in intimen als auch in sozialen Beziehungen dient Kommunikation als Werkzeug zum Ausdruck von Emotionen, Bedürfnissen und Wünschen. Wenn die Kommunikation klar, respektvoll und einfühlsam ist, fördert sie positives Verhalten, stärkt Beziehungen und verringert die Wahrscheinlichkeit von Konflikten.

Der Einfluss der Kommunikation auf das Verhalten

Zu einer positiven Kommunikation gehört aktives Zuhören, Empathie und die Fähigkeit, sich klar auszudrücken, ohne auf Aggression oder passive Aggressivität zurückzugreifen. Personen, die effektiv kommunizieren, bauen eher Vertrauen auf, lösen Meinungsverschiedenheiten und pflegen gesunde Beziehungen. Dies wiederum fördert Verhaltensweisen, die die Verbindung und das Verständnis fördern, wie z. B. Unterstützung anzubieten, Freundlichkeit zu zeigen und

Rücksicht auf die Bedürfnisse anderer zu nehmen.

Andererseits kann eine schlechte Kommunikation zu Missverständnissen, Frustration und Konflikten führen. Wenn die Kommunikation zusammenbricht, kann es sein, dass Einzelpersonen negative Verhaltensweisen an den Tag legen, wie zum Beispiel streiten, sich zurückziehen oder Konfrontationen ganz vermeiden. Mit der Zeit können diese Verhaltensweisen die Beziehung untergraben und zu weiteren Konflikten und ungesunden Mustern führen.

Auch die nonverbale Kommunikation – Körpersprache, Tonfall, Mimik – spielt eine entscheidende Rolle bei der Gestaltung des Verhaltens in Beziehungen. Eine Fehlinterpretation nonverbaler Hinweise kann zu Verwirrung oder Annahmen führen, die defensives oder nicht hilfreiches Verhalten auslösen. Beispielsweise kann eine Person das Schweigen eines Partners als Desinteresse oder Wut empfinden, was zu Gefühlen der Ablehnung oder des Grolls führt, selbst wenn das Schweigen lediglich ein Ausdruck von Nachdenklichkeit war.

Die Rolle von Konflikten bei Verhaltensänderungen

Konflikte sind in Beziehungen unvermeidlich, aber wie damit umgegangen wird, hat erheblichen Einfluss auf das Verhalten der Beteiligten. Eine gesunde Konfliktlösung ermöglicht es dem Einzelnen, Differenzen auf konstruktive Weise anzugehen, was zu persönlichem Wachstum und stärkeren Beziehungen führt. Wenn Konflikte durch offene Kommunikation, Kompromisse und gegenseitiges Verständnis gelöst werden, können beide Parteien aus der Erfahrung lernen, was zu positiven Verhaltensänderungen führt.

Umgekehrt kann sich ein ungelöster Konflikt nachteilig auf das Verhalten auswirken. Wenn Konflikte nicht angegangen oder schlecht gemanagt werden, können sie zu anhaltendem Groll, Vermeidung oder passiv-aggressiven

Handlungen führen. Diese Verhaltensweisen belasten nicht nur die Beziehung, sondern können auch das allgemeine Wohlbefinden des Einzelnen beeinträchtigen und zu Stress, Angst und emotionalem Rückzug führen.

Um gesunde Beziehungen zu fördern und positive Verhaltensänderungen zu fördern, ist es wichtig, Fähigkeiten zur effektiven Konfliktbewältigung zu entwickeln. Dazu gehört, bei Meinungsverschiedenheiten Ruhe zu bewahren, auf die Perspektive der anderen Person zu hören und gemeinsam an Lösungen zu finden, die beide Parteien zufriedenstellen.

Aufbau gesünderer Beziehungen durch Selbsterkenntnis

Selbstbewusstsein – die Fähigkeit, die eigenen Emotionen, Gedanken und Verhaltensweisen zu erkennen und zu verstehen – ist ein Schlüsselfaktor für den Aufbau und die Aufrechterhaltung gesunder Beziehungen. Selbstbewusste Menschen sind besser in der Lage, ihre Reaktionen zu steuern, effektiv zu kommunizieren und positive Verbindungen zu anderen zu pflegen. Durch die Kultivierung des Selbstbewusstseins können Einzelpersonen Verhaltensmuster erkennen, die sich nachteilig auf ihre Beziehungen auswirken können, und Maßnahmen ergreifen, um diese zu ändern.

Die Rolle des Selbstbewusstseins in Beziehungen

Selbsterkenntnis hilft Einzelpersonen zu erkennen, wie sich ihr Verhalten auf andere auswirkt. Beispielsweise kann eine Person, die sich ihrer Tendenz bewusst ist, bei Streitigkeiten in die Defensive zu gehen, bewusst daran arbeiten, offen und empfänglich zu bleiben, wenn es zu Meinungsverschiedenheiten kommt. Ebenso kann jemand, der sich seines Bedürfnisses nach Bestätigung bewusst ist, dieses Bedürfnis seinem Partner mitteilen, anstatt zu erwarten, dass er es errät oder frustriert ist, wenn es nicht erfüllt wird.

Durch das Üben der Selbstwahrnehmung können Einzelpersonen auch Auslöser identifizieren, die zu negativen Verhaltensweisen führen, wie z. B. leicht gereizt zu werden oder sich emotional zurückzuziehen. Sobald diese Auslöser erkannt werden, können Einzelpersonen proaktive Maßnahmen ergreifen, um mit ihnen umzugehen, beispielsweise Techniken zur Stressreduzierung anwenden oder offen über ihre Gefühle kommunizieren.

Strategien zur Entwicklung des Selbstbewusstseins in Beziehungen

1. **Spiegelung**: Wenn man sich die Zeit nimmt, über vergangene Interaktionen nachzudenken, kann dies dazu beitragen, dass Einzelpersonen Einblick in ihr Verhalten gewinnen. Das Tagebuchschreiben über Konflikte oder Momente emotionaler Intensität kann Muster aufdecken, die im Moment vielleicht nicht offensichtlich sind. Durch Reflexion können Einzelpersonen darüber nachdenken, wie sie reagiert haben, welche Emotionen im Spiel waren und was sie anders hätten tun können.

2. **Achtsamkeit**: Das Üben von Achtsamkeit hilft dem Einzelnen, in seinen Interaktionen präsenter zu werden. Indem man sich ohne Wertung auf den aktuellen Moment konzentriert, kann der Einzelne seine Emotionen und Reaktionen besser beobachten. Dieses Bewusstsein kann impulsives Verhalten verhindern und zu nachdenklicheren Reaktionen bei Interaktionen anregen.

3. **Rückmeldung**: Das Einholen von Feedback von vertrauenswürdigen Freunden, Familienmitgliedern oder Partnern kann wertvolle Erkenntnisse darüber liefern, wie das eigene Verhalten von anderen wahrgenommen wird. Konstruktives Feedback hilft dem Einzelnen, blinde Flecken und Verbesserungsmöglichkeiten zu erkennen und sein Verhalten entsprechend anzupassen.

4. **Emotionale Regulierung**: Die Entwicklung der Fähigkeit, mit Emotionen effektiv umzugehen, ist

entscheidend für das Selbstbewusstsein.
Wenn Menschen lernen, ihre Emotionen
zu regulieren – sei es, sich in Momenten
der Wut zu beruhigen oder Verletzlichkeit
auszudrücken, wenn sie sich verletzt
fühlen –, sind sie besser für den Umgang
mit der Komplexität von Beziehungen
gerüstet.

Selbsterkenntnis anwenden, um gesündere Beziehungen aufzubauen

Sobald das Selbstbewusstsein entwickelt ist,
wird es einfacher, bewusste Entscheidungen zu
treffen, die zu gesünderen Beziehungen
beitragen. Wer beispielsweise erkennt, dass er
bei Gesprächen häufig unterbricht, kann daran
arbeiten, aufmerksamer zuzuhören und anderen
das ungestörte Sprechen zu ermöglichen. Ebenso
kann jemand, der in Konfliktsituationen ein
Vermeidungsmuster erkennt, sich bemühen,
Probleme direkter anzugehen.

Um Selbstbewusstsein in Beziehungen zu
integrieren, muss man sich auch auf die

Bedürfnisse und Gefühle anderer einstellen.
Empathie – das Verstehen und Teilen der
Gefühle eines anderen – ist eng mit der
Selbstwahrnehmung verbunden. Durch das
Erkennen des eigenen emotionalen Zustands
wird es einfacher, mit den Emotionen anderer in
Beziehung zu treten und sich mit ihnen zu
verbinden, was zu einem mitfühlenderen und
unterstützenderen Verhalten führt.

Die Rolle der psychischen Gesundheit im Verhalten

Psychische Gesundheit ist ein grundlegender Aspekt des allgemeinen Wohlbefindens und hat einen tiefgreifenden Einfluss auf Verhalten, Entscheidungsfindung und zwischenmenschliche Beziehungen. Psychische Gesundheitsprobleme wie Angstzustände und Depressionen können die Art und Weise beeinflussen, wie Menschen mit ihrer Umwelt interagieren und auf Stressfaktoren reagieren. Das Verständnis des Zusammenspiels zwischen psychischer Gesundheit und Verhalten ist entscheidend für die Förderung gesünderer Lebensstile und Beziehungen.

Wie Angstzustände, Depressionen und andere psychische Gesundheitsprobleme das Verhalten beeinflussen

Psychische Erkrankungen, einschließlich Angstzuständen und Depressionen, können das Verhalten auf verschiedene Weise erheblich beeinflussen. Diese Erkrankungen können Denkmuster, emotionale Reaktionen und die Fähigkeit, im Alltag zu funktionieren, beeinträchtigen. Menschen, die mit psychischen Problemen zu kämpfen haben, zeigen häufig Verhaltensweisen, die von ihrem emotionalen und psychologischen Zustand beeinflusst werden.

Angst und ihre Auswirkungen auf das Verhalten

Angst ist durch übermäßige Sorgen, Furcht und Besorgnis gekennzeichnet. Sie kann sich in verschiedenen Formen äußern, beispielsweise als generalisierte Angststörung, soziale Angststörung oder Panikstörung. Menschen mit Angstzuständen leiden oft unter erhöhtem Stress, was zu Vermeidungsverhalten führen kann. Beispielsweise kann jemand mit sozialer Angst soziale Situationen ganz meiden, aus Angst vor einem Urteil oder einer Peinlichkeit. Diese

Vermeidung kann persönliche und berufliche Möglichkeiten einschränken und sich negativ auf Beziehungen auswirken.

Angst kann auch zu körperlichen Symptomen wie Unruhe, erhöhter Herzfrequenz oder Konzentrationsschwierigkeiten führen. Diese körperlichen Manifestationen können die Fähigkeit einer Person, sich voll und ganz auf ihre täglichen Aktivitäten einzulassen, weiter behindern, was zu einem Teufelskreis aus Vermeidung und erhöhter Angst führt. Darüber hinaus fällt es ängstlichen Menschen möglicherweise schwer, Entscheidungen zu treffen, weil sie oft zu viel über mögliche Ergebnisse nachdenken und Angst vor dem schlimmsten Szenario haben.

Depression und ihre Auswirkungen auf das Verhalten

Depressionen, die durch anhaltende Gefühle von Traurigkeit, Hoffnungslosigkeit und mangelndem Interesse an zuvor angenehmen Aktivitäten gekennzeichnet sind, können das

Verhalten tiefgreifend beeinträchtigen. Menschen mit Depressionen ziehen sich möglicherweise aus sozialen Interaktionen zurück, vernachlässigen Verantwortungen und erleben Veränderungen im Appetit und Schlafverhalten. Dieser Rückzug beruht oft auf Gefühlen der Unzulänglichkeit oder dem Glauben, dass es anderen ohne sie besser gehen würde.

Auch die mit Depressionen einhergehenden kognitiven Verzerrungen können das Verhalten beeinflussen. Einzelpersonen können Situationen durch eine pessimistische Linse betrachten, was zu Gefühlen der Hilflosigkeit und Hoffnungslosigkeit führt. Dieses verzerrte Denken kann die Zielsetzung und Motivation behindern und es schwierig machen, persönliche oder berufliche Ziele zu verfolgen. Folglich kann es passieren, dass Einzelpersonen in einem Teufelskreis der Inaktivität gefangen bleiben, was ihre Gefühle der Verzweiflung und Unzulänglichkeit verstärkt.

Der Einfluss anderer psychischer Gesundheitsprobleme

Neben Angstzuständen und Depressionen wirken sich auch andere psychische Gesundheitsprobleme – wie bipolare Störungen, Schizophrenie oder Zwangsstörungen (OCD) – auf das Verhalten aus. Beispielsweise kann es bei Menschen mit einer bipolaren Störung zu extremen Stimmungsschwankungen kommen, die in manischen Phasen zu impulsiven Entscheidungen und in depressiven Episoden zu einem Rückzug führen. In ähnlicher Weise können Menschen mit Zwangsstörungen zwanghafte Verhaltensweisen an den Tag legen, um Angstzustände zu lindern, die das tägliche Funktionieren und die Beziehungen beeinträchtigen können.

Das Verständnis der Verhaltensauswirkungen verschiedener psychischer Gesundheitsprobleme ist wichtig, um die Probleme zu erkennen, mit denen Einzelpersonen möglicherweise konfrontiert sind. Es unterstreicht die Bedeutung von Empathie und Unterstützung für diejenigen, die sich mit diesen Herausforderungen auseinandersetzen, da ihr Verhalten oft eher ein Ausdruck ihrer inneren Kämpfe als ein Mangel an Anstrengung oder Motivation ist.

Erkennen der Anzeichen psychischer Gesundheitsprobleme

Das Erkennen der Anzeichen psychischer Gesundheitsprobleme ist ein entscheidender Schritt zum Verständnis ihres Einflusses auf das Verhalten. Während die Symptome von Person zu Person sehr unterschiedlich sein können, können bestimmte gemeinsame Indikatoren auf das Vorliegen eines psychischen Problems hinweisen.

Häufige Anzeichen für psychische Gesundheitsprobleme

1. **Stimmungsschwankungen**: Häufige Stimmungsschwankungen, Reizbarkeit oder anhaltende Traurigkeit können auf zugrunde liegende psychische Probleme hinweisen. Einzelpersonen können

emotionale Höhen und Tiefen erleben, die sich auf ihre Interaktionen und Entscheidungen auswirken.

2. **Rückzug aus sozialen Aktivitäten**: Ein spürbarer Rückgang des sozialen Engagements, einschließlich der Vermeidung von Freunden, der Familie oder zuvor genossenen Aktivitäten, kann ein Hinweis darauf sein, dass jemand mit seiner psychischen Gesundheit zu kämpfen hat. Dieser Rückzug kann zur Isolation führen und das Gefühl der Einsamkeit noch verstärken.

3. **Veränderungen in den Schlafmustern**: Signifikante Veränderungen der Schlafgewohnheiten, wie Schlaflosigkeit oder übermäßiges Schlafen, können auf psychische Probleme hinweisen. Schlafstörungen können die emotionale Regulierung und die allgemeine Funktionsfähigkeit zusätzlich beeinträchtigen.

4. **Konzentrationsschwierigkeiten**: Probleme beim Konzentrieren, Treffen

von Entscheidungen oder beim Erledigen von Aufgaben können auf psychische Probleme hinweisen. Einzelpersonen können sich leicht ablenken lassen oder nicht in der Lage sein, sich an Aktivitäten zu beteiligen, die anhaltende Aufmerksamkeit erfordern.

5. **Veränderungen des Appetits oder Gewichts**: Spürbare Veränderungen der Essgewohnheiten, ob gesteigerter oder verminderter Appetit, können mit psychischen Problemen verbunden sein. Dies kann sich in einer erheblichen Gewichtszunahme oder -abnahme äußern und auch das Energieniveau und die Stimmung beeinträchtigen.

6. **Körperliche Symptome**: Unerklärliche körperliche Symptome wie Kopfschmerzen, Bauchschmerzen oder Müdigkeit können oft mit psychischen Problemen verbunden sein. Diese Symptome können durch Stress und emotionale Unruhe entstehen, die mit

Angstzuständen oder Depressionen einhergehen.

Das Erkennen dieser Zeichen ist für den Einzelnen und seine Angehörigen von entscheidender Bedeutung. Die frühzeitige Erkennung psychischer Gesundheitsprobleme ermöglicht eine rechtzeitige Intervention und Unterstützung, was die Ergebnisse erheblich verbessern und eine Verschlimmerung der Symptome verhindern kann.

Ich suche Hilfe und Unterstützung, um die psychische Gesundheit für ein besseres Verhalten zu verwalten

Die Suche nach Hilfe bei psychischen Problemen ist ein entscheidender Schritt auf dem Weg zu besserem Verhalten und allgemeinem Wohlbefinden. Es ist wichtig zu verstehen, dass psychische Gesundheitsprobleme kein Zeichen von Schwäche sind, sondern ein berechtigtes Gesundheitsproblem, das Aufmerksamkeit und Fürsorge erfordert.

Die Bedeutung der Hilfe verstehen

Das Stigma der psychischen Gesundheit kann Menschen oft davon abhalten, die Unterstützung zu suchen, die sie brauchen. Allerdings ist die Anerkennung der Notwendigkeit von Hilfe ein mutiger und wesentlicher Schritt zur Genesung. Professionelle psychiatrische Dienste – wie Therapie, Beratung oder Medikamente – können Einzelpersonen mit den notwendigen Werkzeugen und Ressourcen versorgen, um ihre psychische Gesundheit effektiv zu verwalten.

Die Therapie, insbesondere die kognitive Verhaltenstherapie (CBT), hat sich bei vielen psychischen Erkrankungen als wirksam erwiesen. CBT hilft Einzelpersonen dabei, negative Gedankenmuster zu erkennen und zu hinterfragen, sodass sie gesündere Verhaltensweisen und Bewältigungsmechanismen entwickeln können. Durch die Auseinandersetzung mit den zugrunde liegenden Denkprozessen, die zu Angstzuständen oder Depressionen beitragen, können Menschen lernen, positiver auf Stressfaktoren zu reagieren.

Neben professioneller Unterstützung ist der Aufbau eines robusten Unterstützungssystems aus Freunden und Familie von entscheidender Bedeutung. Eine offene Kommunikation mit Angehörigen über psychische Probleme fördert das Verständnis und schafft einen sicheren Raum für den Einzelnen, seine Gefühle auszudrücken. Ein starkes Unterstützungsnetzwerk kann dazu beitragen, das Gefühl der Isolation zu lindern und in schwierigen Zeiten Mut zu machen.

Selbsthilfestrategien

Während professionelle Hilfe unerlässlich ist, können Einzelpersonen auch Selbsthilfestrategien anwenden, um ihre psychische Gesundheit effektiv zu verwalten. Zu diesen Strategien können gehören:

1. **Achtsamkeit und Meditation**: Das Praktizieren von Achtsamkeit und Meditation kann dazu beitragen, dass

Menschen sich ihrer Gedanken und Gefühle bewusster werden, Ängste abbauen und die emotionale Regulierung fördern.

2. **Körperliche Aktivität**: Regelmäßige Bewegung hat nachweislich einen positiven Einfluss auf die psychische Gesundheit. Körperliche Aktivität setzt Endorphine frei, die die Stimmung verbessern und Stress reduzieren können.

3. **Entscheidungen für einen gesunden Lebensstil**: Eine ausgewogene Ernährung, ausreichend Schlaf und die Vermeidung von Substanzen wie Alkohol und Drogen können sich positiv auf die psychische Gesundheit und das Verhalten auswirken.

4. **Realistische Ziele setzen**: Die Festlegung erreichbarer Ziele kann das Gefühl von Zielstrebigkeit und Erfolg fördern und dem Gefühl der Hoffnungslosigkeit entgegenwirken, das mit psychischen Problemen einhergeht.

5. **Journaling**: Das Schreiben über Gedanken und Gefühle kann Einblicke in

Emotionen geben und Einzelpersonen dabei helfen, ihre Erfahrungen zu verarbeiten und Auslöser zu identifizieren.

Verhaltenswissen schaft im Alltag

Verhalten Die Wissenschaft liefert wertvolle Einblicke in das menschliche Verhalten und zeigt, wie Individuen in verschiedenen Kontexten denken, fühlen und handeln. Durch die Anwendung von Verhaltensprinzipien auf Alltagssituationen können Menschen ihre Interaktionen in der Arbeit, in der Schule und im Privatleben verbessern. Das Verstehen des Verhaltens kann zu einer besseren Entscheidungsfindung und effektiveren Strategien zum Erreichen von Zielen führen.

Wie Verhaltensprinzipien auf Arbeit, Schule und Privatleben anwendbar sind

Verhalten Prinzipien bieten Rahmenbedingungen, die in verschiedenen Umgebungen effektiv angewendet werden können. Am Arbeitsplatz, in Bildungseinrichtungen und im persönlichen Umfeld kann das Verständnis der zugrunde liegenden Motivationen und Verhaltensweisen von Einzelpersonen zu höherer Produktivität, besseren Lernergebnissen und gesünderen Beziehungen führen.

Am Arbeitsplatz

Am Arbeitsplatz können verhaltenswissenschaftliche Prinzipien die Leistung der Mitarbeiter verbessern und eine positive Unternehmenskultur fördern. Beispielsweise kann das Konzept der Verstärkung – die Belohnung wünschenswerter Verhaltensweisen – genutzt werden, um Motivation und Engagement zu steigern. Wenn Mitarbeiter für ihre harte Arbeit Anerkennung erhalten, sei es durch Prämien, öffentliche Anerkennung oder Aufstiegschancen, ist es wahrscheinlicher, dass sie weiterhin hohe

Leistungen erbringen. Dieses Prinzip wurzelt in der operanten Konditionierungstheorie von B.F. Skinner, die besagt, dass Verhalten durch seine Konsequenzen geprägt wird.

Ein weiterer relevanter Grundsatz ist die Bedeutung der Zielsetzung. Klare, erreichbare Ziele helfen den Mitarbeitern zu verstehen, was von ihnen erwartet wird, und wenn diese Ziele erreicht werden, verspüren Einzelpersonen oft ein Erfolgserlebnis, das ihr Selbstvertrauen und ihre Produktivität steigert. Manager können Strategien wie SMART-Ziele (spezifisch, messbar, erreichbar, relevant, zeitgebunden) implementieren, um ihre Teams zum Erfolg zu führen.

Darüber hinaus kann das Verständnis der Arbeitsplatzdynamik und des Gruppenverhaltens die Zusammenarbeit verbessern. Beispielsweise kann das Erkennen der Rollen, die Einzelpersonen in Teams spielen, die Kommunikation und Zusammenarbeit verbessern. Wenn sich die Teammitglieder der Stärken und Schwächen der anderen bewusst sind, können sie Aufgaben effektiver verteilen und so bessere Ergebnisse erzielen.

Im Bildungsbereich

Verhalten Prinzipien haben auch erheblichen Einfluss auf Lernumgebungen. In Schulen können Pädagogen aus der Verhaltenswissenschaft abgeleitete Techniken anwenden, um das Engagement der Schüler und ihre schulischen Leistungen zu verbessern. Beispielsweise kann positive Verstärkung – wie Lob oder Belohnungen – Schüler dazu motivieren, sich aktiv an ihrer Bildung zu beteiligen. Wenn Schüler Anerkennung für ihre Bemühungen erhalten, ist es wahrscheinlicher, dass sie dieses Verhalten in Zukunft wiederholen.

Darüber hinaus können Verhaltensmodifikationsstrategien Probleme bei der Klassenführung lösen. Techniken wie die Token-Ökonomie – bei der Schüler Token für gutes Verhalten erhalten, die gegen Belohnungen eingetauscht werden können – können die

Einhaltung von Unterrichtsregeln fördern und die allgemeinen Lernbedingungen verbessern.

Darüber hinaus ist es wichtig, unterschiedliche Lernstile zu verstehen und Lehrmethoden an unterschiedliche Bedürfnisse anzupassen. Durch die Erkenntnis, dass Schüler möglicherweise unterschiedlich auf verschiedene Lehransätze reagieren, können Pädagogen ein integrativeres Umfeld schaffen, das den Erfolg aller Lernenden fördert.

Im Privatleben

Im Privatleben können verhaltenswissenschaftliche Prinzipien Beziehungen verbessern und das individuelle Wohlbefinden fördern. Das Verständnis der Bedeutung von Kommunikation und emotionaler Intelligenz kann zu gesünderen Interaktionen führen. Indem Einzelpersonen erkennen, wie sich persönliches Verhalten auf andere auswirkt, und Empathie entwickeln, können sie ihre Beziehungen zu Freunden, Familie und Partnern stärken.

Verhaltensstrategien können Einzelpersonen auch dabei helfen, bessere Entscheidungen in Bezug auf Gesundheit und Lebensstil zu treffen. Beispielsweise kann die Implementierung von Selbstüberwachungstechniken – wie das Führen eines Ernährungstagebuchs oder eine Übung zur Nachverfolgung – Einzelpersonen dabei helfen, Muster in ihrem Verhalten zu erkennen und notwendige Anpassungen vorzunehmen. Ebenso kann die Festlegung realistischer Ziele im Zusammenhang mit der persönlichen Entwicklung, wie z. B. die Verbesserung des Zeitmanagements oder die Reduzierung von Stress, zu dauerhaften Veränderungen führen.

Beispiele für Verhaltensänderungen in praktischen Situationen

Verhalten Modifikationstechniken wurden erfolgreich in verschiedenen praktischen Umgebungen implementiert und zeigen die Wirksamkeit der Verhaltenswissenschaft bei der Förderung positiver Veränderungen.

Gesundheit und Wohlbefinden

Im Bereich Gesundheit und Wohlbefinden werden häufig Strategien zur Verhaltensänderung eingesetzt, um einen gesünderen Lebensstil zu fördern. Ein häufiges Beispiel sind Programme zur Raucherentwöhnung. Diese Programme nutzen oft eine Kombination aus Verhaltenstechniken, einschließlich der Festlegung spezifischer Beendigungstermine, der Identifizierung von Auslösern und der Bereitstellung sozialer Unterstützung. Indem diese Programme Einzelpersonen helfen, ihre Rauchgewohnheiten und die Faktoren, die ihr Verhalten beeinflussen, zu verstehen, erhöhen sie die Wahrscheinlichkeit einer erfolgreichen Raucherentwöhnung.

In ähnlicher Weise beinhalten Abnehmprogramme häufig Prinzipien zur Verhaltensänderung. Indem die Teilnehmer dazu ermutigt werden, erreichbare Ziele zu setzen, ihre Fortschritte zu verfolgen und positive Bestätigung für ihre Bemühungen zu erhalten, ist es wahrscheinlicher, dass Einzelpersonen langfristig gesunde Gewohnheiten beibehalten.

Programme, die sich sowohl auf Ernährungsumstellungen als auch auf mehr körperliche Aktivität konzentrieren, erzielen tendenziell bessere Ergebnisse, da sie die vielfältigen Faktoren berücksichtigen, die das Gewichtsmanagement beeinflussen.

Elternschaft und kindliche Entwicklung

Bei der Erziehung können Verhaltensmodifikationstechniken eine positive Entwicklung des Kindes unterstützen. Eltern können Strategien wie Auszeiten, Belohnungssysteme und konsequente Konsequenzen anwenden, um das Verhalten ihrer Kinder zu steuern. Beispielsweise kann eine Belohnungstabelle für das Erledigen von Hausarbeiten oder Hausaufgaben Kinder dazu motivieren, Verantwortung zu übernehmen und gute Gewohnheiten zu entwickeln.

Darüber hinaus hilft das Verständnis der Entwicklungsstadien von Kindern Eltern dabei, ihren Ansatz zur Verhaltensbewältigung anzupassen. Kleinkinder können beispielsweise von einfachen Anweisungen und unmittelbaren Konsequenzen profitieren, während ältere Kinder sich an Diskussionen über ihr Verhalten und dessen Auswirkungen auf andere beteiligen können.

Organisatorisch Verhalten

Verhalten Veränderungen sind auch im organisatorischen Verhalten weit verbreitet. Unternehmen führen häufig Schulungsprogramme ein, die darauf abzielen, das Verhalten der Mitarbeiter zu ändern und so die Leistung zu verbessern. Beispielsweise konzentrieren sich Sicherheitsschulungen in Produktionsumgebungen auf die Stärkung sicherer Praktiken und den Umgang mit riskanten Verhaltensweisen. Durch die Nutzung von Anreizen für sicheres Verhalten und die Einführung strenger Konsequenzen bei Sicherheitsverstößen können Unternehmen eine Sicherheitskultur kultivieren, die sowohl den Mitarbeitern als auch dem Unternehmen als Ganzes zugute kommt.

Wie das Verständnis von Verhalten die Entscheidungsfindung in realen Szenarien verbessert

Das Verständnis des Verhaltens spielt eine entscheidende Rolle bei der Verbesserung der Entscheidungsfindung in verschiedenen Kontexten. Wenn Einzelpersonen die Faktoren erkennen, die ihre Entscheidungen beeinflussen, können sie fundiertere und effektivere Entscheidungen treffen.

Verbesserung der persönlichen Entscheidungsfindung

Bei der persönlichen Entscheidungsfindung kann das Bewusstsein für Verhaltensverzerrungen – wie Bestätigungsverzerrung, Verankerung oder Verlustaversion – dazu beitragen, dass Einzelpersonen objektiver an Entscheidungen herangehen. Wenn Sie beispielsweise einen bedeutenden Kauf tätigen, kann die Kenntnis der Tendenz, Informationen zu bevorzugen, die Ihre bestehenden Überzeugungen stützen, zu einer ausgewogeneren Bewertung der Optionen führen. Einzelpersonen können nach unterschiedlichen Perspektiven und Daten suchen, was letztendlich zu zufriedenstellenderen Ergebnissen führt.

Darüber hinaus ist es von entscheidender Bedeutung, die Rolle von Emotionen bei der Entscheidungsfindung zu verstehen. Emotionale Intelligenz ermöglicht es dem Einzelnen zu erkennen, wie seine Gefühle seine Entscheidungen beeinflussen. Indem Einzelpersonen Emotionen anerkennen, anstatt sie zu unterdrücken, können sie Entscheidungen treffen, die besser mit ihren Werten und langfristigen Zielen übereinstimmen.

Im professionellen Umfeld

Im beruflichen Umfeld verbessert das Verständnis des Verhaltens von Kollegen, Kunden und Stakeholdern Entscheidungsprozesse. Wenn Sie beispielsweise die Bedeutung effektiver Kommunikation erkennen, können Verhandlungen und Zusammenarbeit verbessert werden. Wenn

Einzelpersonen verstehen, wie sie ihre Kommunikationsstile an ihre Zielgruppe anpassen können, ist es wahrscheinlicher, dass sie positive Ergebnisse erzielen.

Darüber hinaus kann das Verständnis der Gruppendynamik eine bessere Entscheidungsfindung in Teamumgebungen ermöglichen. Wenn Teams sich der Rollen und Beiträge jedes Mitglieds bewusst sind, können sie ihre kollektiven Stärken nutzen und Konflikte minimieren. Dieses Bewusstsein fördert ein Umfeld, in dem vielfältige Ideen geschätzt werden und zu innovativeren Lösungen führen.

Der Weg zur Selbstverbesseru ng: Beherrschen Sie Ihr Verhalten

Der Weg der Selbstverbesserung ist eine lebenslange Verpflichtung, die kontinuierliche Selbsterkenntnis, Wachstum und Transformation beinhaltet. Es umfasst nicht nur das Verständnis der eigenen Handlungen und Motivationen, sondern auch die Entwicklung der Fähigkeit, das eigene Verhalten absichtlich zu ändern und zu verbessern. In diesem Kapitel wird die Bedeutung des Selbstbewusstseins für das persönliche Wachstum, die Bedeutung von Selbstdisziplin und Selbstkontrolle bei der

Entscheidungsfindung sowie der Prozess der Ausrichtung des eigenen Lebens auf persönliche Werte und Ziele erläutert.

Die fortlaufende Reise der Selbsterkenntnis und des Wachstums

Selbsterkenntnis dient als Grundlage für persönliches Wachstum. Es ist die Fähigkeit, die eigenen Gedanken, Gefühle und Verhaltensweisen zu erkennen und zu verstehen. Dieses Verständnis ist von entscheidender Bedeutung, da es Aufschluss darüber gibt, wie diese internen Prozesse die täglichen Handlungen und Entscheidungen beeinflussen. Wenn Einzelpersonen selbstbewusster werden, können sie Muster in ihrem Verhalten erkennen und Bereiche erkennen, in denen Verbesserungen erforderlich sind.

Eine wirksame Methode zur Stärkung des Selbstbewusstseins ist die regelmäßige Reflexion. Das Führen eines Tagebuchs ermöglicht es beispielsweise dem Einzelnen, seine Gedanken und Gefühle zu artikulieren und so Veränderungen im Laufe der Zeit zu verfolgen. Diese Praxis fördert nicht nur Klarheit über die eigenen Beweggründe, sondern hebt auch wiederkehrende Verhaltensthemen hervor, wie z. B. Auslöser für negative Reaktionen oder Muster des Aufschiebens.

Darüber hinaus kann das Einholen von Feedback von vertrauenswürdigen Freunden, Familienmitgliedern oder Kollegen das Selbstbewusstsein weiter stärken. Durch die Einladung anderer, ihre Sichtweisen mitzuteilen, können Einzelpersonen wertvolle Erkenntnisse darüber gewinnen, wie sie wahrgenommen werden, die möglicherweise von ihrem Selbstbild abweichen. Diese externe Perspektive kann hilfreich sein, um blinde Flecken und Wachstumsbereiche zu identifizieren.

Selbstverbesserung ist von Natur aus eher eine Reise als ein Ziel. Es erfordert ein kontinuierliches Engagement für das Lernen und die Anpassung. Wenn Menschen wachsen und sich weiterentwickeln, können sie auf

Herausforderungen stoßen, die ihre Entschlossenheit auf die Probe stellen. Wenn man diese Herausforderungen jedoch als Wachstumschancen und nicht als Rückschläge betrachtet, kann dies die Widerstandsfähigkeit stärken. Die Annahme einer Wachstumsmentalität – der Überzeugung, dass Fähigkeiten und Intelligenz durch Engagement und harte Arbeit entwickelt werden können – ermutigt Einzelpersonen, Herausforderungen als Teil ihrer Reise zur Selbstverbesserung anzunehmen.

Aufbau von Selbstdisziplin und Selbstkontrolle für eine bessere Entscheidungsfindung

Selbstdisziplin und Selbstkontrolle sind wesentliche Bestandteile einer effektiven Entscheidungsfindung und eines effektiven Verhaltensmanagements. Diese Eigenschaften ermöglichen es dem Einzelnen, Versuchungen zu widerstehen, an seinen Zielen festzuhalten und

Entscheidungen zu treffen, die seinen Werten entsprechen.

Selbstdisziplin beinhaltet die Fähigkeit, sich Ziele zu setzen und konsequent auf deren Erreichung hinzuarbeiten, auch wenn man mit Ablenkungen oder Herausforderungen konfrontiert wird. Es erfordert die Schaffung einer strukturierten Umgebung, die die Zielerreichung unterstützt. Beispielsweise können Einzelpersonen spezifische Routinen einrichten, die wichtige Aufgaben priorisieren und so die Wahrscheinlichkeit eines Aufschubs minimieren. Zeitmanagementtechniken wie die Pomodoro-Technik können die Konzentration und Produktivität steigern, indem sie Aufgaben in überschaubare Intervalle aufteilen, gefolgt von kurzen Pausen.

Darüber hinaus ist Selbstdisziplin eng mit emotionaler Regulierung verbunden. Die Fähigkeit, in Situationen mit hohem Druck mit seinen Emotionen umzugehen, ist entscheidend, um den Fokus auf langfristige Ziele zu richten. Techniken wie tiefes Atmen,

Achtsamkeitsmeditation oder sogar körperliche Betätigung können dabei helfen, die eigenen Emotionen zu regulieren und ein Gefühl der Ruhe zu entwickeln, wodurch es einfacher wird, impulsivem Verhalten zu widerstehen.

Selbstkontrolle hingegen bezieht sich auf die Fähigkeit, kurzfristige Wünsche zugunsten langfristiger Vorteile zu unterdrücken. Es wird oft in Situationen getestet, in denen sofortige Befriedigung attraktiv ist, beispielsweise beim Genuss ungesunder Lebensmittel oder beim Aufschieben wichtiger Aufgaben. Zu den Strategien zur Verbesserung der Selbstkontrolle gehört die Schaffung von Barrieren gegen Versuchungen, beispielsweise das Vermeiden von Umgebungen, die impulsives Verhalten auslösen. Wer sich beispielsweise gesünder ernähren möchte, meidet möglicherweise Fast-Food-Restaurants oder verzichtet auf ungesunde Snacks im Haus.

Ein weiterer effektiver Ansatz besteht darin, verzögerte Befriedigung zu üben. Wenn Menschen mit einem Impuls konfrontiert werden, können sie sich darin üben, eine vorgegebene Zeitspanne abzuwarten, bevor sie auf diesen Impuls reagieren. Diese Praxis stärkt die Selbstkontrolle, indem sie Zeit zum Nachdenken und Abwägen langfristiger Konsequenzen lässt.

Schaffen Sie ein Leben, das Ihren Werten und Zielen entspricht

Ein Leben zu schaffen, das mit den eigenen Werten und Zielen übereinstimmt, ist ein entscheidender Aspekt der Selbstverbesserung. Wenn sich der Einzelne über seine Werte im Klaren ist – was ihm wirklich wichtig ist –, kann er Entscheidungen treffen, die diese Prinzipien widerspiegeln und zu einem erfüllteren und sinnvolleren Leben führen.

Um diesen Prozess einzuleiten, können Einzelpersonen zunächst ihre Grundwerte identifizieren. Dies kann durch Selbstreflexion oder durch den Einsatz von Wertbewertungstools erfolgen. Sobald Einzelpersonen ein klares Verständnis ihrer Werte haben, können sie ihr aktuelles Verhalten und ihre Entscheidungen anhand dieser Prinzipien bewerten. Dieser Bewertungsprozess kann Diskrepanzen zwischen dem, was Einzelpersonen wertschätzen, und der Art und Weise, wie sie ihre Zeit und Energie investieren, aufdecken.

Beispielsweise vernachlässigt jemand, der Wert auf Gesundheit legt, körperliche Betätigung zugunsten von Arbeit oder Freizeitaktivitäten. Das Erkennen dieser Fehlausrichtung bietet eine Chance für Veränderungen. Durch die Priorisierung von Aktivitäten, die ihre Werte widerspiegeln, können Einzelpersonen ein größeres Gefühl der Zufriedenheit und des Sinns in ihrem Leben entwickeln.

Das Setzen spezifischer, wertorientierter Ziele kann die Ausrichtung weiter stärken. Diese Ziele sollten sinnvoll sein und in direktem Zusammenhang mit den eigenen Grundwerten stehen. Wenn beispielsweise die Familie ein zentraler Wert ist, kann die Festlegung des Ziels, mehr Zeit mit geliebten Menschen zu verbringen, zu besseren Beziehungen und persönlicher Erfüllung führen. Wenn Ziele mit den eigenen Werten im Einklang stehen, ist es wahrscheinlicher, dass sich Einzelpersonen motiviert und engagiert fühlen, sie zu verfolgen.

Darüber hinaus erfordert die Ausrichtung des eigenen Lebens auf einen Sinn die Verpflichtung zu kontinuierlichem Wachstum und Anpassung. Während Einzelpersonen ihren Weg der Selbstverbesserung beschreiten, stellen sie möglicherweise fest, dass sich ihre Werte und Prioritäten weiterentwickeln. Die Offenheit für diese Entwicklung und die Bereitschaft, die Ziele entsprechend anzupassen, stellt sicher, dass der Einzelne mit seinem wahren Selbst in Einklang bleibt.

Fazit: Der Weg zur Verhaltensbeherrschung

Der Weg zur Beherrschung des Verhaltens ist sowohl komplex als auch lohnend und bietet tiefgreifende Einblicke in die Natur des menschlichen Verhaltens und die Faktoren, die es prägen. Im Rahmen dieser Untersuchung haben wir die verschiedenen Elemente untersucht, die unser Handeln beeinflussen, von Motivation und Beziehungen bis hin zu psychischer Gesundheit und Selbstbewusstsein. Wenn wir über diese Erkenntnisse nachdenken, wird klar, dass das Verstehen unseres Verhaltens nicht nur eine akademische Übung ist; Es ist ein wesentlicher Bestandteil des persönlichen Wachstums und der Transformation.

Reflexion über die gewonnenen Erkenntnisse

Eine der bedeutendsten Erkenntnisse aus dieser Untersuchung ist das komplexe Zusammenspiel unserer Gedanken, Emotionen und Verhaltensweisen. Die Erkenntnis, dass unser Handeln von einer Vielzahl interner und externer Faktoren beeinflusst wird, ermöglicht uns einen ganzheitlicheren Ansatz zur Selbstverbesserung. Dieses Verständnis legt den Grundstein für sinnvolle Veränderungen, da es uns dazu ermutigt, über oberflächliche Verhaltensweisen hinauszuschauen und die zugrunde liegenden Motivationen und Überzeugungen zu untersuchen, die sie antreiben.

Darüber hinaus ermöglicht die Erkenntnis, dass Verhalten nicht festgelegt, sondern ein dynamischer Prozess ist, eine größere Flexibilität auf unserem Weg zur persönlichen

Weiterentwicklung. Indem wir uns eine Denkweise aneignen, die Veränderung und Entwicklung begrüßt, können wir Rückschläge nicht als Misserfolge betrachten, sondern als Chancen für Lernen und Wachstum. Diese Perspektive fördert die Widerstandsfähigkeit und ermöglicht es uns, Herausforderungen zielstrebiger und entschlossener zu meistern.

Auch die Bedeutung von Beziehungen für die Verhaltensgestaltung kann nicht genug betont werden. Die Verbindungen, die wir mit anderen aufbauen – ob intim oder sozial – spielen eine entscheidende Rolle bei der Beeinflussung unserer Handlungen und Entscheidungen. Das Verständnis dieser Vernetzung ermutigt uns, gesündere Beziehungen zu pflegen und unsere Kommunikationsfähigkeiten zu verbessern, wodurch unsere Fähigkeit zu Empathie und Mitgefühl gestärkt wird. Indem wir stärkere Bindungen zu anderen aufbauen, schaffen wir eine Umgebung, die unsere Verhaltensentwicklung unterstützt und ein Zugehörigkeitsgefühl fördert.

Förderung der kontinuierlichen Selbstreflexion und des Engagements für persönliches Wachstum

Zum Abschluss dieser Untersuchung ist es wichtig, die Bedeutung einer kontinuierlichen Selbstreflexion hervorzuheben. Diese Praxis vertieft nicht nur unser Selbstverständnis, sondern ermöglicht es uns auch, Bereiche mit Verbesserungspotenzial zu identifizieren und sinnvolle Ziele zu setzen. Regelmäßige Selbstreflexion hilft uns, Klarheit über unsere Werte, Bestrebungen und Verhaltensweisen zu bewahren, die wir pflegen möchten.

Um diesen Prozess zu unterstützen, können Einzelpersonen eine Routine entwickeln, die Momente der Selbstbeobachtung beinhaltet, sei es durch Tagebuchschreiben, Meditation oder einfach durch Zeit zum Nachdenken. Indem wir diese Gewohnheiten etablieren, schaffen wir eine Grundlage für kontinuierliches Wachstum und Selbstfindung. Darüber hinaus kann das

Einholen von Feedback von vertrauenswürdigen Personen wertvolle Erkenntnisse und Perspektiven liefern und so unser Selbstverständnis weiter verbessern.

Das Engagement für persönliches Wachstum erfordert die Bereitschaft, Veränderungen anzunehmen und sich Herausforderungen direkt zu stellen. Es ist wichtig zu erkennen, dass der Weg zur Verhaltensbeherrschung nicht linear ist; es ist voller Höhen und Tiefen. Die Akzeptanz dieser Realität fördert ein Gefühl der Beharrlichkeit und ermutigt den Einzelnen, sich weiterhin für seine Wachstumsreise einzusetzen, auch wenn er mit Hindernissen konfrontiert wird.

Abschließende Gedanken darüber, wie wichtig es ist, zu verstehen, warum Sie sich so verhalten, wie Sie es tun

Um dauerhafte Veränderungen herbeizuführen, ist es von grundlegender Bedeutung, die Gründe für unser Verhalten zu verstehen. Indem wir die Motivationen, Überzeugungen und emotionalen Auslöser untersuchen, die unser Handeln bestimmen, befähigen wir uns, fundierte Entscheidungen zu treffen. Dieses Bewusstsein dient als Katalysator für persönliches Wachstum und ermöglicht es uns, uns von nicht hilfreichen Mustern zu befreien und ein Leben zu schaffen, das unseren Werten und Wünschen entspricht.

Darüber hinaus geht dieses Verständnis über das Individuum hinaus; es verbessert unsere Beziehungen zu anderen. Wenn wir die Komplexität menschlichen Verhaltens erkennen, können wir Interaktionen mit größerem Einfühlungsvermögen und Verständnis angehen. Dies verbessert nicht nur unsere Kommunikationsfähigkeiten, sondern fördert auch das Gefühl der Verbundenheit und Zusammenarbeit und bereichert unsere sozialen Interaktionen.

Abschließend lässt sich sagen, dass der Weg zur Verhaltensbeherrschung ein kontinuierlicher Prozess ist, der Hingabe, Selbstreflexion und

Lernbereitschaft erfordert. Durch die Nutzung der im Rahmen dieser Erkundung gewonnenen Erkenntnisse können Einzelpersonen sinnvolle Schritte unternehmen, um ihr Verhalten zu verstehen und letztendlich persönliches Wachstum zu erreichen. Während wir durch die Komplexität unseres Lebens navigieren, bleiben wir dieser Reise treu und erkennen, dass der Weg zur Meisterschaft genauso wichtig ist wie das Ziel selbst. Jeder Schritt der Selbstfindung und des Verhaltensverständnisses bringt uns näher daran, die Individuen zu werden, die wir sein wollen.

www.ingramcontent.com/pod-product-compliance
Lightning Source LLC
Chambersburg PA
CBHW061033250726
48653CB00001B/78